JN102374

「空気・家・人」

あなたの家の空気は安全ですか。

温湿度均一
－ウイルス、発癌性物質が消える家－
ブローボックス（特許出願中）

温湿度
均一

99.99%
ウイルス
有害物質減

世界にない
日本一の家

人は一日20kg
空気を吸う

株式会社イシカワ
石川 幸夫
一級建築士・宅地建物取引士

序章 …… 8

第一章 「人を健康にする空気」がある家づくり

第二章 海外の研修

第三章 私の道程とイシカワの歩み

第四章 「ブローボックス」の基本的構想

第五章　未来の住宅と住宅産業はどう変わるか

1972年、自動車後進国であった日本が、排ガス低減（マスキー法クリア）と燃費向上で米国を追い越しました。日本車は、世界で大躍進する歴史を作ったのです。

それと同じように、2023年、住宅後進国である日本が、全館温度湿度均一と空気清浄、そして低冷暖房費で世界の住宅を追い抜きました。

イシカワがそのシステムを考えました。

日本の住宅の歴史、そして世界の住宅の歴史はここに変わるのです。

今のままでは人類は、環境破壊、地球温暖化の前に、VOC（揮発性有機化合物）とウイルス、バクテリアなどで滅びる恐れがあります。そこで、住宅こそが適温適湿を中心に人を守るためのシェルター——人の必要な空気を入れる箱と考え、システム化したのです。

それは、ある日金魚鉢の中の金魚を見て思いつきました。この金魚鉢にとって必要なものは、立派な鉢ではなく水であり、水がきれいで酸素があることが必要であると思いました。

そして、人は空気の中で生活しています。この空気が適温、適湿で清浄な空気であるこ

「空気をデザインする住宅」、「ブローボックス」の広告誌面

とが必ず必要です。そして空気を入れる箱(器)、それが住宅であると思いました。

それを実現する「家」を作り、「ブローボックス」と名称を考え、国際特許を申請しました。

このシステムは、今まで考えられている、現在のダクト方式の全館冷暖房と全く違い、全館空気循環の理論によるもので、そして光触媒の利用で、今までに全くない「完全空気の完成」を実現しました。これが「ブローボックス」です。

この家に住めば、地球上で「最高の空気」の中で生涯生活出来ます。既に当社で建築された方々から高い評価をいただいております。

空気をデザインする住宅「ブローボックス」は、日本の在来の工法の住宅でありながら、省エネルギー、温度、湿度が全館均一になり、人を健康にする夢の住宅です。

又、現在、問題になっている新型コロナウイルス、人間の体に害をなす癌の発生を促すといわれている住宅資材、家具、家電から出る化学物質VOC(揮発性有機化合物)、PM2·5、更にカビ、バクテリア、不快な臭い等を、99.99%滅失出来る住宅です。

私達がこの開発に込めた願いは、品質、性能だけでなく、これがこの本を書いている2023年8月現在、税別50万円程度で一般市民の買える住宅システムであることです。

更にこのシステムの特長は、低価格で既存の中古住宅にも取り付けることが出来、その成果も実証しました。

現在、日本の住宅は6,000万戸といわれておりますが、新しいものにしか付けられないシステムでは、一年でせいぜい100万戸程度の住宅を救えるだけで、日本の住宅問題の解決にはならないのです。今まで作って住んでいる人が救えないのでは意味がないのです。

全ての人と建物に、健康を実現するシステムが「ブローボックス」です。

私達はこの理論を「空気・家・人」理論と名付けました。

「空気・家・人」の理論は、世界で今までなく、人が健康に生きるためのシステムなのです。

そして、この住宅には、イシカワグループの、もう一つの大切な夢が託されているのです。

それは、日本人の平均的な年収である460万円の方が、100％のローンで作ることが出来る高性能住宅です。更に、住宅価格は、オール電化、全館冷暖房、全ての設備が付いて、税込30坪2,000万円です。4人家族で100㎡、2階建の家で、全館冷暖房をし、23,000円／月（内訳、水道代6,000円／月、電気代17,000円／月 総務省統計局2019年）ランニングコストで、一年中快適に過ごすことが出来ます。

これが、私達が提案する「世界一の住宅」です。

当然、国の基準の耐震等級3、断熱等性能等級5、劣化対策等級3、維持管理対策等級3の高性能住宅です。そして、この「ブローボックス」の中に、現代の科学に裏付けされた品質性能が、充分盛り込まれています。

一生に一回の家づくりを後悔しない為に、「世界一の住宅」をつくりませんか。

今、その夢がまさに実現します。

皆様が、この本を手に取り、それを御理解頂ければ何よりの幸せです。

そして又、この本を通して、お知り合いになれることに、心より感謝を申し上げます。

第一章

「人を健康にする空気」がある家づくり

01

WHO（世界保健機関）の基準を満たさない日本の家

私は、二十数年前にアメリカに行くまで、日本の住宅は、世界で最高の伝統技術で作られた精緻で美しい住宅だと思っていました。

その原点は、日本人の細やかな感情と手先の器用さ、そして何より自動車産業、エレクトロニクス、家電等で優れた商品力を持つ技術の力が、住宅にも当然反映されているという思い込みでした。又、日本の建築家、黒川紀章氏、丹下健三氏等による世界的評価を受けた建築（住宅ではない）技術が、住宅にも生かされていると錯覚していたのです。更に、日本にも建築系の大学があり、しっかりと教育しているはずであると思っていました。

それがアメリカ人の一級建築士のM氏と話した時に完全に覆されたのです。

彼は言うのです。

「日本のトヨタ、ホンダ、日産の車は素晴らしい。進化している。アメリカの車をはるかに追い抜いている。アメリカ人は競争相手が素晴らしければ、その相手を研究し、頭を下げてでも教わる。フォードもGMも、現にトヨタ自動車に訪問し教えを請うた。しかし住宅に関する限り、日本の住宅からアメリカが学ぶものは全くない。」

私は反論しました。「日本の住宅は、日本の気候と歴史の中で育ってきたため、必然的に進化してきた。それはそれで存在価値はある。」と。

又、日本の桂離宮をとり、「その美しさと合理性で世界は感動して、これ以上の住宅はないと言っている。」と言いました。

しかし彼は、「桂離宮は現在の住宅ではない。美しい造形物であり、住宅としては現在無関係である。」と言うのです。

「まず、日本の住宅図面は図面と呼べるものではない。」

私は、日本の住宅は正しい、立派な図面によって作られていると言いましたが、彼が言うには、

「日本の住宅の図面は図面ではなく、図面というのは設計図であり、設計図は誰が見ても、

それを見れば同じ精度のものが作れることである。例えば一例として、日本の図面はどこに、どの方向から、どのような長さの、どのような品質の釘を何本打つのか書いていない。それでは均一な品質のものは出来ず、商品ではない。素材も薄っぺらで壊れやすく、いまだに窓は単板ガラスが多い。維持管理、補修も出来ない素材が多く、人体に被害を与える有毒な物質を平気で使う。断熱性に乏しく、WHO（世界保健機関）の、冬18℃以下にならない住宅が作れない。それを満たす家は殆どない。資材の流通が最悪で、アメリカの水道の蛇口は、日本では10倍くらいする。国内産業を高める為に、素材、材料の品質、価格を無視して作り、粗悪で小屋のような建物である。」

アメリカの住宅図面

この建築士は、日本に何度も来ていて、日本の建物を熟知している人でした。それだけに彼の言うことは、理にかなっているもので、私も認めざるを得ませんでした。

この二十年間、私共の会社も、これを考え、建物の改善に広く取り組んで参りました。又、日本国内の建築関連会社との情報交換、勉強会等を通して、耐震性、断熱性、劣化、技術面の改善を行い、2020年には日本の建物を、外国の建物に追いつくところまで改善して参りました。

しかし私達は、日本の住宅がアメリカの住宅を超えることは、多分無理であると思いました。工法、流通、長年の慣習、職人の価値観、技術の差、住宅価格、職人の労働量等において難しいと感じました。

02

「住宅とは何か？」求めるべきもの

私達は、「住宅とは何か」「私達は何を求めていかなければいけないのか」について今一度、冷静に考えてみることにしました。

春、夏、秋、冬、日本の自然は多様で、繊細で美しい世界を作っています。そしてそれは、人の営みや、たくさんの文化を生みながら衣食住に反映されて、日本独特の美意識を生みだしました。

日本の住宅――「家」――は、そのような文化を一番受けたものです。日本列島は、そのほとんどが温帯に属し、（北は亜寒帯から南は亜熱帯まで、さまざまな気候区分に属しているため）高温多湿な環境です。「家」の造りようは、「夏をもって旨とすべし（徒然草、吉田兼好）」と言われています。

冬はどのようにしても過ごせる。たくさん着物を着る。火で暖を取る。しかし夏は、どうしようもないといいます。12世紀の鎌倉時代の書院造りが、現在の日本の住宅の基本になっています。

その時代の日本の気候は、機械文明もなく、自然とどう調和して生きるかが大切だったのです。もし、鎌倉時代が続けばそれはそれで良いのでしょうが、現代は、温暖化が進んでいますがエアコンがあり、冬は暖かく、夏は涼しく過ごせる時代です。更に、現在住宅を一般的に作るには、建材、接着剤、部材、ほとんどの材料の中で、化学物質が使われ、それらからVOC（揮発性有機化合物）が発生するのです。家具、スマホ、衣類、食品、全てに化学物質が使われています。そして、この文明の利便さと快適さを、人はもう手放すことは出来ないのです。冷暖房は、高断熱、高気密住宅を生み、同時に結露と人の汚れ、皮膚の剥がれ、食べ物のカビ等を食べる、数千万匹以上に及ぶダニを発生させる要因ともなっているのです。これがアレルギーを引き起こすのです。

私は、日本の文化は素晴らしいと思います。又、自然素材も素晴らしい。そして、自然の中で暑さ、寒さに耐えて生活していけば、それ自体は地球環境全体からすれば良いのかもしれません。残念ながら鎌倉時代から700年近く経った文明の中で、私達は、今の世界の利便性、快適性を作る住宅から逃げられないのです。まさか障子と板戸で窓を作ることは出来ません。それをどこかですり合わせ、妥協し現代の私達の生活に合わせる必要があります。和服が洋服に変わったように、この日本の気候と現在の文化、文明の中で、人の快適さ、健康を実現しようとすると、あきらかに住宅も変わる必要があり、それがまた新しい文化を育むのではないでしょうか。

私達が「住宅」に求めているものは何か、それは最終的に「**健康で安全な住宅**」ではないかと考えました。

日本の住宅は、日本の気候風土の下で、長い間に必然的に今の製法、形が作られてきたのです。

アメリカで優れた住宅であっても、日本の気候風土に対して、技術、物の考え方、職人の技術、訴求の違いなどにより、日本では作るのに無理なものもあります。又、資源の少ない日本では、出来るだけ資源を使わずに済むような、短、薄、少の作り方が経済的に必要であると思います。限られた資源、日本の資源を利用し、やはり日本には、日本の住宅を作らなければならないと考えました。

私は、アメリカを住宅性能で超えるものが何かないのか、別の角度からアメリカにないものを作れないかと思うようになりました。

03

「家は空気を入れた箱」という発想

ある日私は、夜遅く11時頃に帰宅し、風呂に入ろうと思い、風呂に入ると、すっかりお湯が冷めているのに気が付きました。今のシステムは良く出来ていて、浴槽のお湯を温めるために、「追い焚き」のスイッチを押しました。少しずつお湯が出てくるのがわかりました。浴槽は、お湯が一度冷めると、お湯の出るところは温かくなりますが、浴槽全体の温度はなかなか上がりません。私は慌てて、浴槽のお湯をかき混ぜ、温かいお湯を背中の方に送りました。かき混ぜたお湯で、浴槽は少しずつ均一に温かい温度になってきました。

私は、この瞬間に閃きました。

建物も寒い時、暖房をつけても、なかなか部屋全体は暖まりにくく、建物を浴槽に例えると、このお湯は建物の中の空気ではないかと思いました。**断熱性と気密がしっかりした家であれば、家の中の空気をかき混ぜれば、効率的に短時間で冷暖房が出来るのではないかと考えたのです。**

私はその時、もう一つ、以前から会社の金魚鉢の中の金魚を見て、考えていたことを思い出しました。このお湯（水）の中の自分は、水槽の金魚みたいなものではないかと。

家とは何か。金魚にとっては、水槽は水の容れ物であって、この水の温度、清浄度、溶存酸素、それが大切だと思いました。二つのことから、この時に私の中でおぼろげながらも、あるアイデアが結実しました。

金魚にとって大切なのは「水」

建物は「空気を入れた箱」であり、その空気こそが、人間の生活に関わるものであると思いました。金魚にとって、水槽がクリスタルであるとか、デザイン性が大切なのではなく、大切なのはその中の水、**人にとって住宅は、堅牢でデザインの良いものよりも、その中の空気がいかに「健康」に良いものであるか。又、温度だけでなく湿度も適正であることが「住宅」の最低条件であると考えました。**私は風呂の中で、一時間くらいこの事実を反芻していました。

私はこの時に、世界を超える住宅を考えついたのです。欧米諸国の長所とは別に、彼等が今まで考えなかった、別の方向に努力すれば良いのではないかと。欧米諸国の全く考えていないことで、住宅を総合的に超えることが出来るのではないかと思いました。

日本なりのもので、新しいやり方で世界の建物を超える住宅が出来るのではないか。

04

新分野で欧米の住宅を超える

その夜私は、一晩で一つのシステムのアイデアを考えつきました。

住宅を一つの箱ととらえ、新しい空気を入れて、軸流ファンで一階、二階に大きく循環させ、更に、ドアを閉めた部屋の各室に取り付けた換気扇で、風の流れを作り強制循環し、建物の中を回すことで、風呂の中でかき混ぜるのと同じようなシステムを作る事を考えました。

トイレにも、洗面所にも全てに換気扇を付けることで、家中の空気を対流させることが出来ると考えたのです。

私は、次の朝、会社の建売住宅に、このシステムを入れるように社員と打合せ、図面を作り、一週間くらいでその工事を終えました。

私は各部屋に温度計、湿度計を20個くらい置き、温度、湿度測定を行いました。私の予想は的中しました。建物中の温度、湿度が±10%くらいで均一になったのです。

今まで高断熱住宅を作り、熱伝導中心の冷暖房システムの欧米諸国の基本から、空気が動くことで温度、湿度が均一になるシステムを作り出したのです。

しかしその時、社員が一つの問題点を指摘しました。

家の建物の中で空気が回るということは、建物の中の臭い、汚れ、バクテリア、VOC（揮発性有機化合物）、化学物質等が、空気にのってその粒子が人の体にぶつかってくることになります。それをどうするかということでした。

「炭」を使って空気を浄化する、空気清浄機を付ける等考えましたが、なにしろ家中のような大量の空気を浄化する方法は、そのような貧弱な機械では無理なのです。

又、家の空気内に温度差があり、結露が起き、カビ（ダニのえさ）等の問題が出てきました。

私は、友人の工学部教授、医学博士、住宅設備会社、メーカー等に相談しましたが、なかなか解決方法が見つかりませんでした。

05 コロナ禍で気づいた二酸化チタンの有用性

そうこうするうちに、2019年12月、中国の武漢で新型コロナウイルスス感染が発生し、翌年2020年3月頃より、日本にも新型コロナウイルスの感染が急増してきました。日本中が大混乱となり、マスクが飛ぶように売れ、品物がなくなり、パンデミックが起こったのです。この時、感染対策をイシカワでも考える中で、マスクに二酸化チタンを吹き付けてはどうかという案が浮かびました。二酸化チタンは光触媒で、食品、化粧品、医薬品（カテーテルの管）に使用されており、人体には被害のない安定したものです。

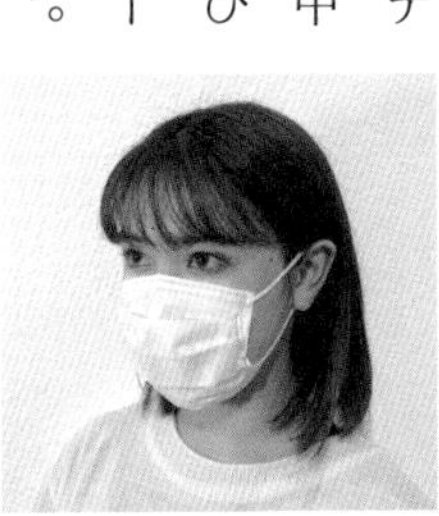
二酸化チタン塗布マスク

私はこの時、この新型コロナウイルス対策に一つの案を持っていました。

不織布で出来たマスクは、顕微鏡で見ると、格子の隙間が5μm（マイクロメートル）（0.005㎜）で、コロナウイルスは0.1μm（0.0001㎜）です。例えれば、10㎝のボールがウイルスだとすれば、マスクの不織布の格子の隙間は50倍ですから、5mの枠に10㎝のボールを投げることになり、当然その格子を素通りするのです。確かに咳に対する飛沫は防げると思いますが、その格子を通り抜けてウイルスは出たり入ったりするので、あまりマスクは効果がないのです。ただ、しないよりはましなのかもしれないと思いました。そして私は、その不織布マスクを大量に仕入れ、これに二酸化チタンを吹き付けました。こうすれば二酸化チタンの反応で空気中の水分子（H_2O）はＯＨラジカル（・ＯＨ）という活性酸素に変化し、ウイルスを分解しH_2OとCO_2に変えて無害化するので、マスクを通る空気は、99.99％無害化され滅菌されることがわかりました。これ等は二酸化チタンの製造会社で証明されておりました。このマスクを大量に作り、私共のお客様に無料で提供し、大変喜ばれました。時には、マスク製造で社員の仕事が出来ないほどでした。しかし、このマスクは新型コロナウイルス不活化のエビデンスが難しく、販売することが出来ず、お客様に理由を説明し無償で配りました。

この経験を経て、これを住宅に利用することを考えました。**住宅の内部の壁に二酸化チタンを塗布**したら同じような効果が出ると考えたのです。

06

ついにできた、理想の住宅

数日後、私は、建売住宅の10軒くらいに二酸化チタンを吹き付け、更にエビデンスを取るため、ATP測定器で病原微生物などの量を測定しました。

施工前の数字は40,000あったものが、吹付後の建物の壁は5になり、99・99%のウイルスが消えました。匂いの問題もこれで解決しました。

「ついに出来た」

私は測定結果を見ながら実感し、長年の夢、「**世界一の住宅**」**が出来た**と思いました。

これで「**欧米の住宅を超えることが出来る**」。このような住宅を日本中に販売しようと思いました。

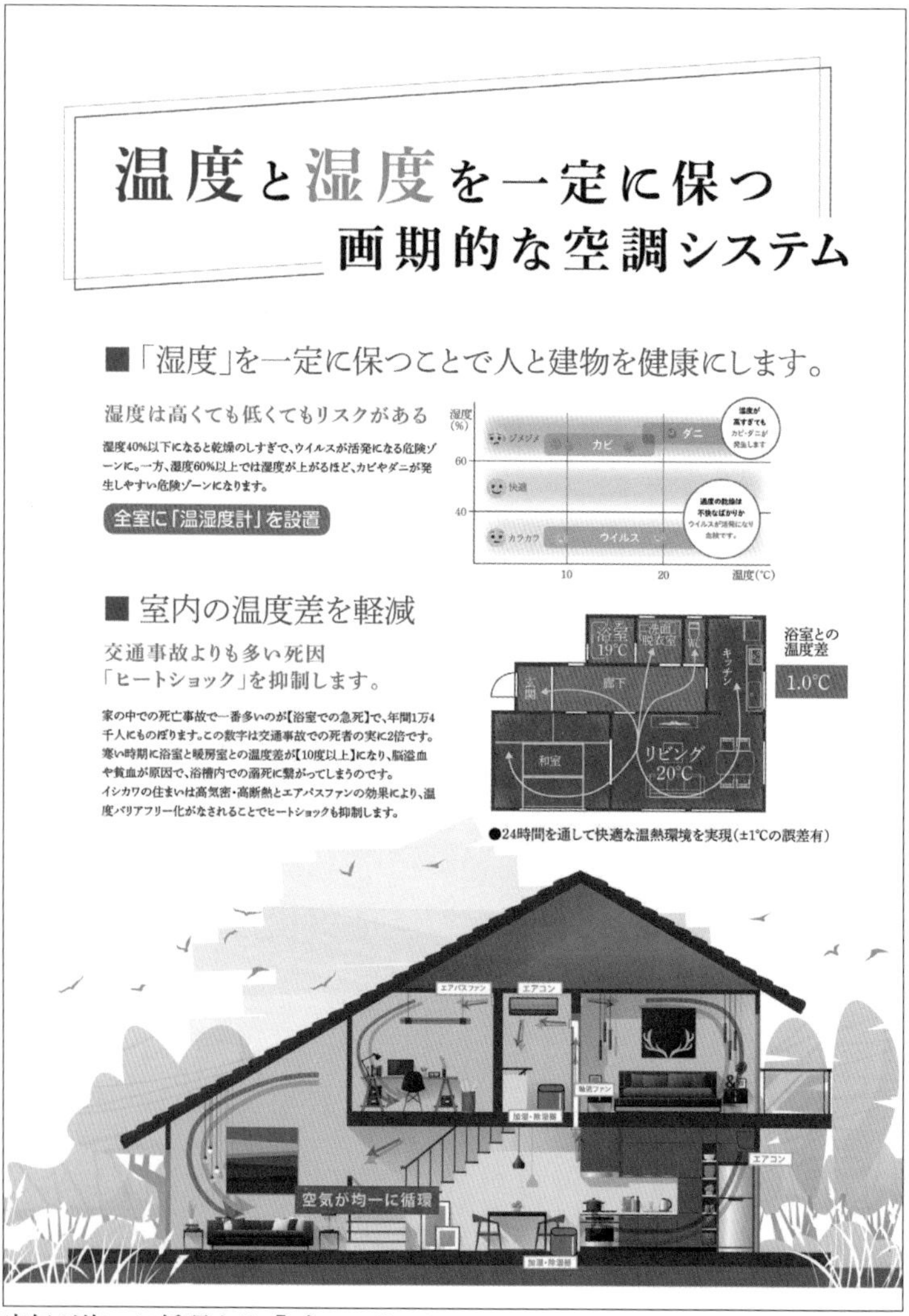
温度と湿度を一定に保つ
画期的な空調システム
■「湿度」を一定に保つことで人と建物を健康にします。
湿度は高くても低くてもリスクがある
湿度40%以下になると乾燥のしすぎで、ウイルスが活発になる危険ゾーンに。一方、湿度60%以上では湿度が上がるほど、カビやダニが発生しやすい危険ゾーンになります。
全室に「温湿度計」を設置
湿度(%)
ジメジメ
カビ
ダニ
湿度が高すぎてもカビ・ダニが発生します
60
快適
40
湿度の乾燥は不快なばかりかウイルスが活発になり危険です。
カラカラ
ウイルス
10
20
温度(℃)
■ 室内の温度差を軽減
交通事故よりも多い死因
「ヒートショック」を抑制します。
家の中での死亡事故で一番多いのが【浴室での急死】で、年間1万4千人にものぼります。この数字は交通事故での死者の実に2倍です。寒い時期に浴室と暖房室との温度差が【10度以上】になり、脳溢血や貧血が原因で、浴槽内での溺死に繋がってしまうのです。
イシカワの住まいは高気密・高断熱とエアパスファンの効果により、温度バリアフリー化がなされることでヒートショックも抑制します。
浴室 19℃
洗面脱衣室
WC
キッチン
玄関
廊下
和室
リビング 20℃
浴室との温度差
1.0℃
●24時間を通して快適な温熱環境を実現(±1℃の誤差有)
エアパスファン
エアコン
加湿・除湿機
エアコン
空気が均一に循環
加湿・除湿機
空気が均一に循環する「ブローボックス」

07 家は空気を入れる箱

私共の会社の価格設定は、「良い商品を作る（しかし国民の平均的収入の人達がローンで建てられる家）」という定義があります。

欧米のような並外れた建物の基準にしなくても、日本の2022年ZEH（net《ネット》 Zero《ゼロ》 Energy《エネルギー》 House《ハウス》）基準、断熱地域区分5地域であればUA値＝0・6W／㎡・K（UA値とは外皮平均熱貫流率（W／㎡・K））、C値＝1・0㎤／㎥（C値とは相当隙間面積（㎠／㎡））くらいの建物で、住宅の全館暖冷房をすることが費用対効果の面では実用性があると思いました。

日本の家の欠点は、温帯気候だから我慢できるだろうということで、部屋ごとの暖房で、廊下、トイレ、風呂場では10℃くらい温度が低下するケースもあり、ヒートショックで交通事故よりたくさんの人が亡くなっていることでした。

U_A《ユーエー》値 = 建物の保温性能を表す

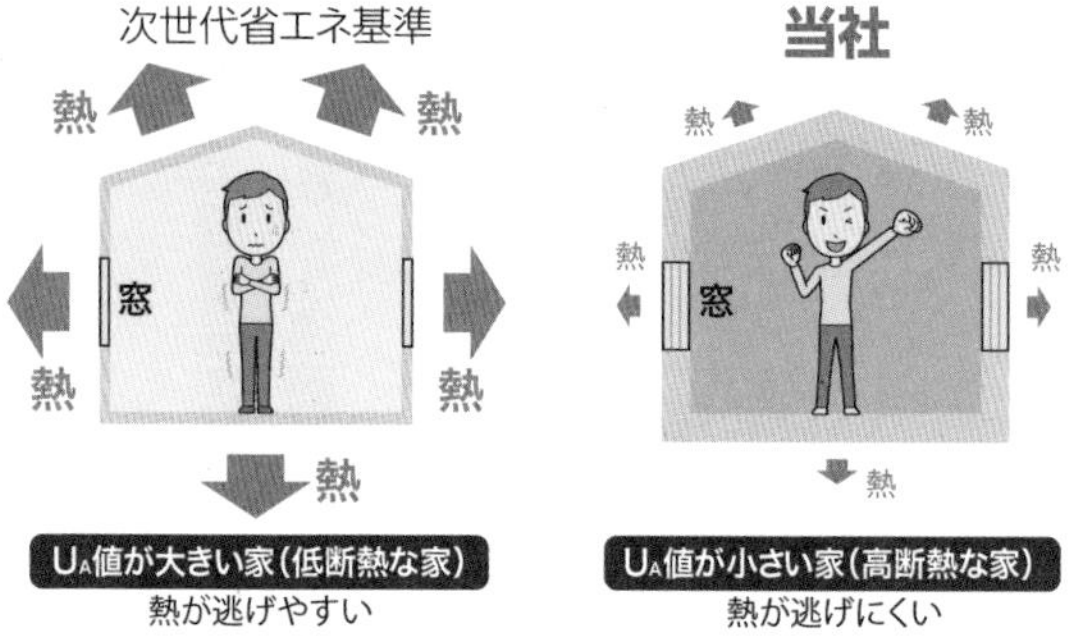

次世代省エネ基準
当社
熱
窓
U_A値が大きい家（低断熱な家）
熱が逃げやすい
U_A値が小さい家（高断熱な家）
熱が逃げにくい

当社　ZEH基準	等級5	U_A値 0.60 w/㎡·k
次世代省エネ基準	等級4	U_A値 0.87 w/㎡·k

※断熱地域区分５地域の場合

C値 = 建物の隙間の大きさを表す

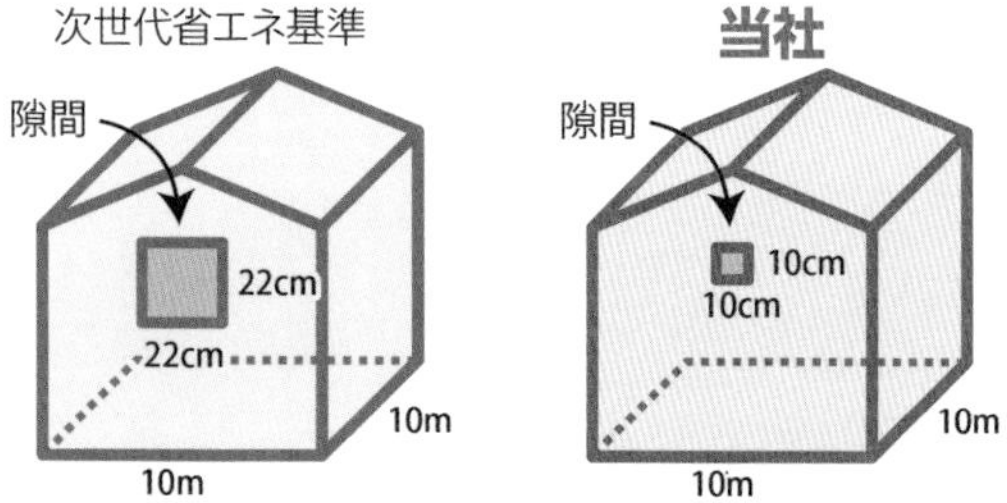

次世代省エネ基準
当社
隙間
22cm
22cm
10m
10m
隙間
10cm
10cm
10m
10m

当社	C値	1.0 ㎠/㎡
次世代省エネ基準	C値	5.0 ㎠/㎡

※間取りにより数値は異なります。

U_A 値、C 値における当社と次世代省エネ基準の比較

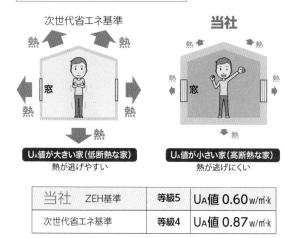

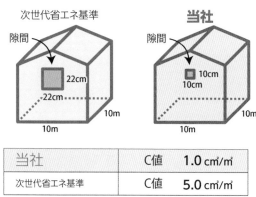

私は、ＷＨＯ（世界保健機関）の基準で、**冬18℃以下にならない、健康に障害のない家で、住宅の壁に空気を常時接触させ全館冷暖房することにより、低エネルギー住宅をつくることが、これからの日本の住宅のめざす方向である**と思いました。

今までの欧米式の住宅のシステムは、冬、全館を暖房するので、熱の放射で空気と建物内を暖めます。しかも温度は均一に出来ても、湿度を均一にするシステムではありません。私達のシステム「**ブローボックス**」は、空気の循環で、今までの約5倍くらいの空気が壁にあたり、壁に塗布された二酸化チタンで、ウイルスなどの病原微生物や、ＶＯＣ（揮発性有機化合物）等の有害物質が99.99％分解されるのです。

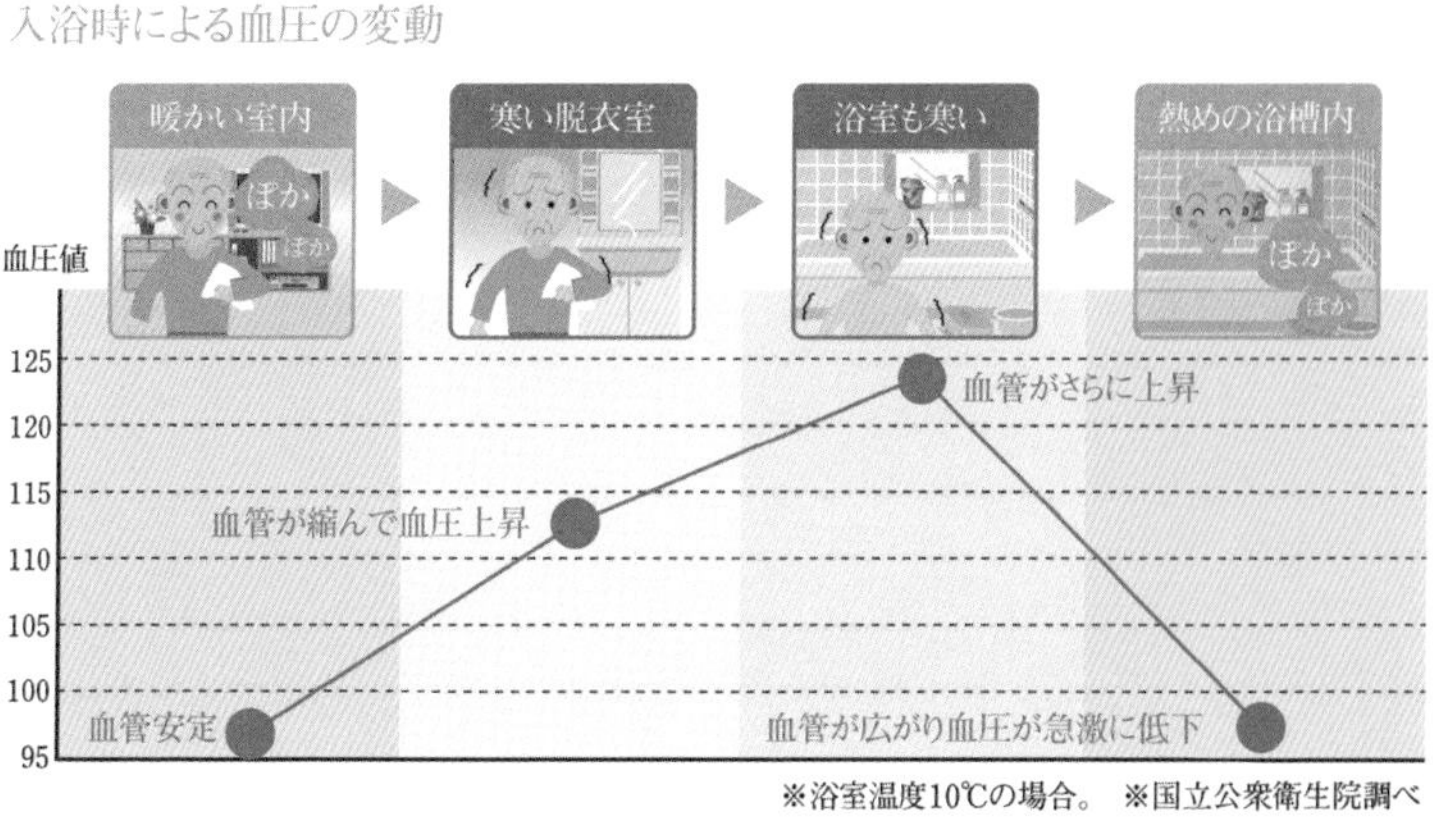

急激な温度変化が身体に及ぼす影響

「家」は何かと考えると、**「家とは空気を入れる箱である」**といいました。その中で、空気が温度、湿度とも、人間の体に適正で、人間の健康を阻害する物質も除去され、新鮮な空気に満たされているものが理想です。そのようにして、日本の文化に根ざした従来には無い、新しい日本の住宅を作ろうと思いました。又もう一つ、「住宅」は日常品であり、どんなに優れていても平均的所得の人が、それを購入出来る「住宅」でなければ、生活を支える「商品」にはならず、ただの贅沢品でしかありません。

誰でも買える家で、今の住宅の問題点全てをある程度解決し、そして人の体に最適な空気の満ちている「住宅」、それが理想の家であると考えたのです。

しかし世界中を探しても、基本的にそのような住宅は存在しませんでした。それならばそのような住宅をつくろうと考えました。

そして誕生したものが**「ブローボックス」システムを搭載した住宅**です。

私は、住宅会社を経営する中で、日本中、世界中を回り、「家とは何か」そして技術先進国日本であるにもかかわらず、なぜ日本の住宅は先進国最低と言われているのか、それを考え続けました。試行錯誤する中で時を重ね、私は「**ブローボックス**」にたどり着きました。そしてこの**空気をデザインする「ブローボックス」の家は、世界に例のないもので間違いなく世界一**といって良いと思います。

「空気をデザインする住宅」、「ブローボックス」の広告誌面

08 化学物質を99.99%なくすために

自然素材をふんだんに使った家、最新工法の家だとしても、化学物質は必ず使われています。それならば発生する有害物質をなくし、住宅の中の空気を、ウイルスなどの病原微生物0、カビ0、VOC（揮発性有機化合物）0、有機物0、臭い0、温度湿度全館均一の家を誰でもが買えるような価格で作ろうと考えました。それを「イシカワの家作り」の基本に考え、このシステムに「**ブローボックス**」と名付けました。

建物（箱）の中で、空気を吹き回すを意味しています。

私が、住宅業を始めて五十年経ちますが、ついに、理想的空気環境を手に入れることが出来る住宅を完成させたのです。

そして、このシステムで国際特許を取得する為に、国際特許事務所に依頼しました。

この時、特許事務所では、もう既にこのようなものがないか、又、同じようなもので特許につながらなかったものはないか確認するため、一か月間調査をした結果、建物の全館冷暖房では、13くらいの特許があり、私共の「**ブローボックス**」はそのどれとも異なっていることがわかり、国際特許申請を引き受けて頂きました。

現在、「**ブローボックス**」は「**特許出願中**」で、特許の取得を待っている状態です。

欧米の住宅は、確かに高断熱化では理想の住宅ですが、しかし壁が30㎝（日本では12㎝）、素材を全部自然素材にして、使用木材量は日本の1・4倍、窓は人が持てない程重く、重、厚、長の住宅です。

日本は資源のない国です。私は、日本の外壁が薄く、欧米の笑いものになっていること、それからアルミサッシの枠が軽く、耐久性がな

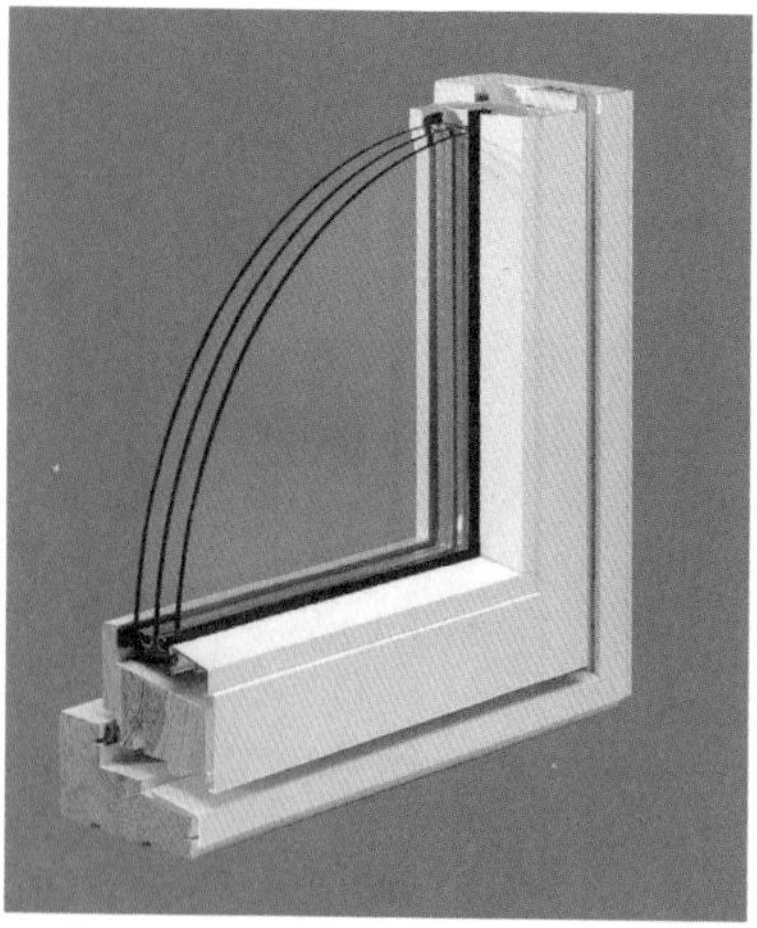

写真提供：YKK AP㈱

サッシの比較（左：アメリカ製、右：日本製）

いこと、等々のことを考える中で、住宅産業を支えるのは、日本の住宅資材メーカーであり、世界中からの輸入で成り立っている素材であります。しかし日本で働く人たちの生業と、日本の技術を考えれば、**日本の住宅は、やはり日本で作られたものによって、経済を支えていく必要がある**と考えています。

理想は確かに大切です。

しかし、―物事は、現実的でありうるか、価格的に誰もが買えるのか、住まいづくりに携わる全ての人達の経済活動を、どう考えて行くのか―その点を考えました。

理想だけで物事は成就しません。今の現実とすり合わせることも、大切であると思います。ウイルス、カビ、バクテリア、VOC（揮発性有機化合物）を考えると、この点がより明確になってきます。

日本の建物、いや世界の建物は、大なり小なり住宅の中に化学物質が存在します。住宅素材だけでとらえることなく、接着剤、塗料、建材、家具、プラスチックになっている部分、もっと言えば、洋服や食べ物にも化学物質は含まれています。

このような素材を、出来るだけ使わない高価な住宅よりも、**たとえ化学物質を使ったと**

しても99・99％分解する住宅の方が優れていると思います。

さて、住宅業界では、ある一部では、自然素材にこだわる会社もありますが、しかし、どだい全て自然素材だけで家を作ることは、先ほども述べたように不可能です。

集成材、床材、塗料、壁材、電気配線、屋根、断熱材、家具、家電、衣類、食糧全てに、その品質面を上げる為に、又、大量生産の為に、そして何より美観、更に工程短縮のためには、自然素材の性能をはるかに超える特性を持つ化学物質を使用しているのが現状です。又、抗菌仕様といいますが、それ自体化学物質であり、又、化学物質を分解する除菌機自体、プラスチックの素材を使っています。逆に言えば、化学物質を捨ててしまえば、現在、人類の文化は存続できないのかもしれません。

今回のコロナ禍の中で「ウィズ コロナ（新型コロナと共生）」という言葉が生まれました。その言葉のように、「ウィズ プラスチック」、「ウィズ 化学物質」というべきなのかもしれません。

人類の文明は素晴らしいですが、その裏にはやはり、弊害が起こり得るものは多いと思います。

現在の自動車、電化製品、飛行機、医療機器、スマホ、更に資本主義のグローバリゼーション、ありとあらゆる便利なものには、その弊害がどこかにあるのです。

自然界にないものを作れば、それによって弊害が生じることもあると考えます。それをどうするか。そこに人類の知恵と道徳が使われなければ、人類は滅亡するしかないのではないでしょうか。

住宅も資本主義と現実、日本の歴史、文化、様々なものの存在の中で、しかし最終的には、**住まいは「人と健康」を作りださなければならない**と思います。

イシカワの「**ブローボックス**」は、それを具現化したものであり、建物内の温度、湿度均一、更に、ウイルス、VOC（揮発性有機化合物）、カビ、臭い、バクテリア、紫外線などの有機物質を、99.99％除去出来る住宅です。今まで世界中になかったのです。

09

「健康に必要な家の空気」とは

「健康に必要な家の空気」をもう少し考えてみたいと思います。先ほどの有機物質について、一つずつ取り上げてみます。

先ほど、新型コロナウイルス除去という話がありましたが、今回のコロナ禍は3年にも及び、人類の大変な災難でありました。しかし人類の歴史は、一言でいえば、飢餓と感染症との闘いの歴史であり、そして現代、飢餓についてはある程度解決されていますが、感染症については、人類がある限り、人類に付きまとう問題です。

ウイルスは、ほとんどがRNAとDNAで出来ている染色体であり、人間はDNAの二重螺旋の構造の染色体です。RNAは不安定であり、常にDNAの生物に入り込み、共生することにより生命を保つのです。人体(DNA)とRNAの戦いは、四十数億年前より始まっており、なによりRNAの方が一億年位早く地球に生まれていたのです。

言い方を変えれば、ウイルスRNAの方が生命の先輩なのであり、相手にすれば、自分達のRNAが進化したものがDNAであり、自分達が人類の祖先であると言いたいところです。今全部は解明されていませんが、このウイルスRNAは、実は人体の中に一万種以上あるといわれ、生物学的には、むしろ人の体に良い働きをしているものが多いと言われています。

その中で一番有名なのは、母体の胎盤に存在するウイルス（内在性レトロウイルス）であり、それがないと人は新しい生命、子供を作ることは出来ないと言われています。

生命の誕生は、男性の精子が女性の卵子と結合して生まれます。明らかに、女性の体の卵子の中に、別の生物の精子という異物が侵入する戦争であり、卵子に精子が侵入する中で、当然、この精子を異物として絶滅させる働きがあります。この時、胎盤内のウイルスは、その働きを弱めると言われており、卵子と精子の結びつきが可能になるのです。DNAとRNAは、私達の体の中で、四十数億年の歴史を通して助け合い、生命を維持しています。

私達は、人体にある有為なウイルスの働きを考え、ウイルスに感謝しなければなりません。ただ、それらウイルスは6か月と生命が短く、人間のDNAに対して、速いスピードで滅失と侵入を繰り返します。人間には無縁な森林等に住むウイルスが、環境破壊によって、森林にその動物が住めなくなり、変化して人間の体に入るものが出来、それが人間の体に入る時、DNAとの間で、拒絶反応で発熱し、健康を脅かし、場合によっては人体に死をもたらすのです。

これには個人差があり、ウイルスが体に侵入しても、ウイルスに同調し、全く症状がなく、ウイルスを保有し共生する人もいるのです。全ての人の体の中にある一万種以上のウイルスは、そのようなせめぎあいの中で、人の体に定着して、その働きにより、人の生命を作る存在となっているものもあります。

今回の新型コロナウイルスの成果は、大雑把に言えば、そのようなRNAとDNAの同調の前の一つのプロセスであり、現代の科学ではこれを防ぐことは出来ません。

今回のコロナ禍の終焉は、何らかの形で、全ての人の体にウイルスの抗体が出来た時に、初めて起こるのではないでしょうか。

これは、人の宿命であると思います。当然今回のウイルスにより、人が死んでいく様は、何としても止めなければならないとも思いますが、ある意味で、様々な試練を経てそれに耐えた者が生き残るという生命のシステムであり、江戸時代のコレラのように、全ての人に新型コロナウイルスの抗体が出来て終息するものでしょう。
残念ながら「適者生存」がこの場合にも当てはまります。熱を出した人、重症な人、死ぬ人をいかに救うか、それは、ある程度の科学力を持つ我々人類の儚い願いなのです。

考えると、昔の人は、今ほど死を恐れていなかったと思います。
病気になれば治す方法もなく、死ぬのはしかたがない、そしてその恐れを和らげるために、「来世」があり、永遠の生命がそこにあると考え、それが宗教の存在理由かもしれません。

「**ブローボックス**」を考える時、一番の問題はRNA（例・新型コロナウイルス）が急激に人体に入ることを阻止し、少しずつ少しずつ体に入ることにより、体の抵抗力の中で少しずつDNAと同調することが大事で、**家で休息する時に、ウイルスが体に入らないことが重要であると**考えます。当然、外で活動し、仕事で人と接触すれば、全くウイルスを遮断することは出来ません。それが人に付いても、「**ブローボックス**」の中で、少しずつ新型コロナウイルスの侵入を止めて、人間の持つ同調力で健康が保てるのではないかと思います。

人の体は、この家の中の休息時に回復します。その意味で「**ブローボックス**」**は重要なコロナ対策になり得ます。**又、同じような**他のウイルス、インフルエンザ等、他の感染症にも優れた防御力を持つ家であり、**このような「住宅」は、日本にも世界にもなかったのです。

最近CMで、除菌機が販売され、高価な価格で売られ、新型コロナウイルスを減少させると宣伝されています。

私は、最近人気のあるA社の除菌機を手に入れ、どのような構造になっているかを分解してみました。

簡単に言いますと、中は「空っぽ」でした。ターボファンが付いており、そのファンで空気を吸い、外に出す装置です。ファンの前に除塵膜があり、その下に炭を入れた1㎝くらいの袋の膜があり、そこにおそらくウイルスが吸着されるようなものであると思われます。

その後ろに、不織布で作られた、これはマスクと同じ役目と思われるフィルターがあります。私達とインフルエンザワクチン研究専門家の佐藤征也先生が、これを分解して検証した時に、「この程度では、閉め切った小さい部屋でしかウイルスは吸着し滅失できない。あまり効果はない」と言っておられました。

私達の「**ブローボックス**」は、内部壁面が全て二酸化チタンで塗られており、そこに空気が、1時間に5回以上あたり、その中の水分子が二酸化チタンの反応によりOHラジカルになり、これによりウイルスが、H_2O、CO_2に分解されるのです。これは建物全体が大きな除菌機になり、先生は「この機械の何十倍の能力がある」と言っておられました。

A社の除菌機は、大げさな表示板があり、インジケーター(表示器)があり、科学の粋を集めた最新のテクノロジーを感じさせますが、これは見せかけだけで、性能は箱の中で扇風機が回っているだけの貧弱なものでありました。一部屋除菌出来れば良い程度の、ある程度の除菌しか出来ないもので、当然全ての部屋、廊下、トイレ、洗面等全館は除菌出来ず、あまり家の中で有効なものではないと判断いたしました。

私達の「**ブローボックス**」は、家の中全体、トイレ、洗面所、各室全てのウイルスを99.99%滅失出来る画期的なシステムなのです。

今回のウイルスをきっかけに私達は、マスクに二酸化チタンを吹き付け、壁に二酸化チタン

空気の動き
解析結果：粒子の軌跡　（新潟工科大学測定図）

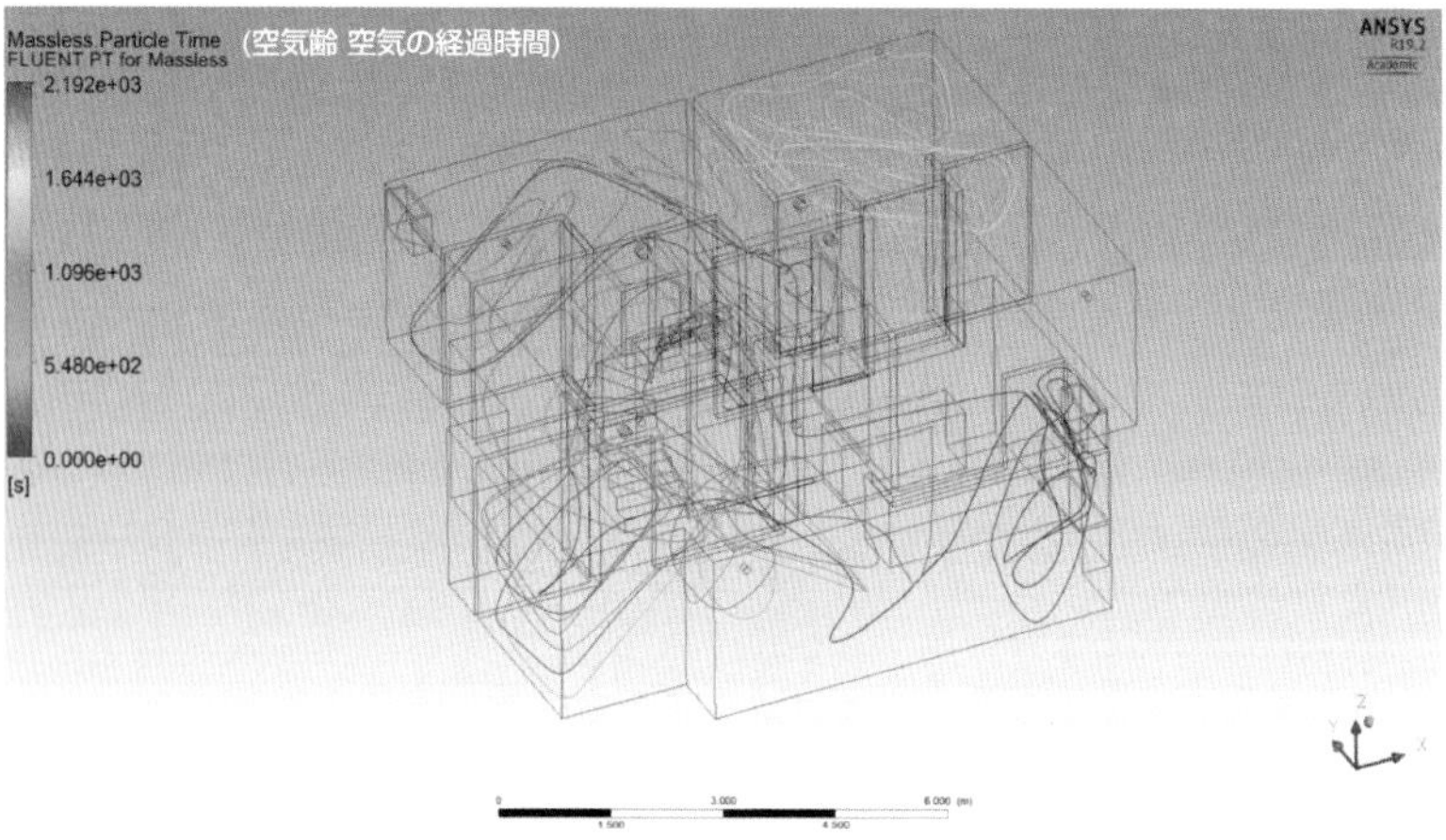

・BLOWBOXから粒子を発生
・粒子の色は、粒子の場所の風速を表す

空調システムの有用性

数値流体力学（CFD）シミュレーションを用いて住宅内の風の流れを可視化

を吹き付けることを考案しました。これは、「**ブローボックス**」の機能である、対流により空気が全ての壁に5回以上吹きあたり、空気中の水分子が二酸化チタンの反応によりＯＨラジカルになることで、ウイルスを失くすことが出来るということに行きつきました。

二酸化チタンの吹付だけではダメで、風が吹きわたる必要があることから、「**部屋全体の空気をかき混ぜる」ことと、二酸化チタンの光触媒の分解力の二つで、99.99％滅失を実現出来るのです。**

この発見は、幸運なケースであったと感謝しなければならないと思っています。

ある意味で、この新型コロナウイルスは、私にとっては天の与えてくれた「幸運」でありました。

そして、これより更に、住宅のもう一つの重大な化学物質の滅失について、大きく貢献していけると思いました。

10

健康で経済的にも優しい「ブローボックス」

「シックハウス症候群」という言葉を知っているでしょうか。

これは、簡単に言うと、住宅の高気密等を原因として、住宅資材、建材、家具から発生する化学物質によって、室内空気環境汚染が起こり、目がチカチカしたり、喉が乾燥したり、吐き気、頭痛、湿疹等が起きるものです。又、最近の研究では、化学物質の中の発がん性物質により"ガン"になりやすいともいわれています。

現在の住宅建物は画一化され、大量生産の中、化学物質等が多く使われ、VOC（揮発性有機化合物）がこのような現象を起こすのです。

この対策として、自然素材を使う、室内換気をする（現在、国は、24時間換気―2時間あたりに1回住宅の空気を入れ替えることを新築住宅に義務化しています）等がとられていますが、完全に化学物質を除くことは出来ません。

「**ブローボックス**」**は、この問題を見事に解決**しています。しかも、二酸化チタン光触媒は、人体に全く無害であることは、食品、化粧品、衣料品及び、医療器具等で証明されており、合理的な方法であると思います。

現在住宅には、24時間換気扇を設定することは、法的に決まっており、2時間に一度、建物内の空気を入れ替えるといいますが、単に、流入口と排出口の設定の機械的換気では充分換気が出来ません。私達と都市環境・風工学研究室の富永《とみなが》禎秀《よしひで》先生との合同実験によれば、建物内の空気がよどみ、建物内の空気を攪拌しないと、全ての空気は理想通り換気しないことがわかりました。

「ブローボックス」の理論であれば、建物内の空気は容易にかき回すことが出来、理想的な換気が実現するのです。

新築に多い？ シックハウス症候群

室内空気環境汚染が原因となるシックハウス症候群

「**ブローボックス**」の考えは理に適い、現代の問題は解決するシステムです。

さて、温度、湿度を均一にすることは実現出来たのですが、その前提として、部屋中を適湿にする為には、室内の温度が高くなる夏、除湿しなければなりませんし、室内の湿度は低くなる冬は、加湿をしなければならないのです。

ビルディング、オフィス、工場などのセントラルヒーティングは、その温度、湿度を調整した空気をダクトで部屋に送り込む方式です。これを住宅で行うことは可能ですが、大変な設備費とランニングコストがかかるのです。

又、エアコンで除湿、加湿の付いたものがありますが、規模が小さく、建物内の一部の部屋の湿度を調整出来るだけで能力は低いのです。これを解決する方法を社員と考えた上で、むしろハイテクノロジーよりローテクノロジーを使う — 住む人の管理に頼る方が家全体の湿度をコントロール出来ると考えました。簡単にいえば、加湿器、除湿器を複数台置いて、これを住む人が管理する方法をとることに致しました。

又、部屋の温度、湿度を、市販の温度計を部屋の各所に、だいたい12台程設置し、温度、湿度管理をしながら、エアコンの温度を夏除湿、冬加湿を、住む人が管理する方法をとることに致しました。

2階建て30坪位の家ですと、各2台ずつあれば良く、夏は除湿器を一日中つけっぱなしにして、除湿で発生した水を1日、1～2回排水し、冬は加湿器に一日1～2回加水してやることで適湿になることがわかりました。（夏は湿度60%以内、冬は湿度40%以上を目指す。人は40～60%の湿度が快適でカビが発生しない。）

加湿器は市販の電機メーカーで1台約10,000円、2台で20,000円。除湿器が1台30,000円、2台で60,000円、計80,000円で設備費が可能です。又、この加湿器、除湿器ですと、1年で加湿器は8ヶ月、除湿器4ヶ月稼働で、年間電気代は約40,000円程度になることがわかりました。この点については、人がそれぞれ管理することにより、理想的な適温、適湿を作り出すことが出来ると思うのです。自分で何もしないで

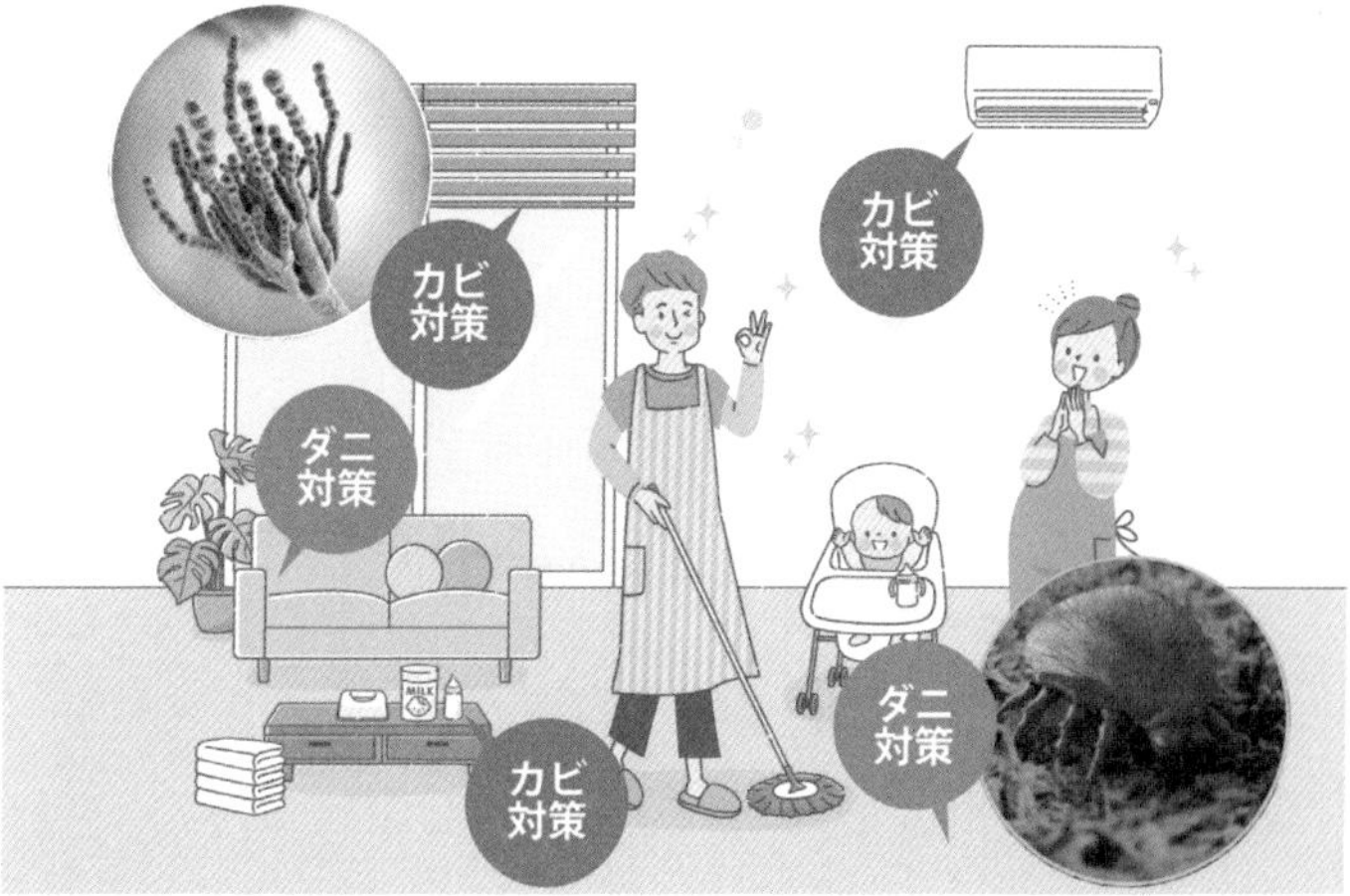

湿度60%以上で発生するカビと、カビを餌にして増えるダニ

室内の適温、適湿の温度を作り出す為には、100~200万円前後の設備費がかかり、又、ランニングコストも毎月30，000円~40，000円かかることがわかりました。

自分たちが住むために少し体を動かして、このような発想で「住宅」を考えていくべきであると思いました。なによりコストが桁違いに安いのです。

もう一つ私達の夢は、これから作る家は良いのですが、現在存在する家にリフォームする時に、私達のブローボックスの方式で加湿器、除湿器を設置するべきだと思います。全て入れても税別50万円位でエアコンを含めて出来るのです。

今現在ある全ての家を理想的な空気で満たすためには、私達の考え方の方が現実的だと思い、そのような方法を提案します。

また、**住宅の快適温度、湿度は、夏26℃（湿度40~60％）、冬23℃（湿度40~60％）**といわれています。

WHO（世界保健機関）では、冬18℃以下の住宅は、健康上の理由から、作ってはいけないという方針が出されています。日本の現在建てられている住宅は、95％がその条件に当てはまりません。ここに先進国最低の住宅といわれる理由があります。更にWHO（世界保健機関）の推奨している住宅は全館冷暖房で、各部屋冷暖房の日本では問題にならないのです。更にこの時、湿度が冬40％以下になりますと、ウイルスが増殖することが知られており、逆に夏は、湿度が60％以上になると人体の発汗が出来ないため、体温の調整が出来ず、病気の人、高齢者は健康に害があるといわれ、同時にカビが発生します。更に、カビを餌にするダニが、高温多湿で多くなります。（5月〜10月頃です）

日本の住宅には、少ない家庭で数百万匹、多い家庭で一億匹以上のダニがいるといわれています。殆どの全家庭でダニを飼っているようなものです。そのダニをなくすためには、高温多湿を避け、湿度60％以下にすることが理想です。

夏、冷たいビールをコップにつぐと、コップの回りに水滴が付きますが、冷たいコップの回りの温度が下がり、露点が下がり、空気中の水分がコップにつくのです。

室内の湿度を60％以下にすることが、結露等を防ぎ、カビの発生を抑えるカギとなります。しかし、壁はどうしても外部との温度差の関係で冷え込み、目に見えない結露が多く出来るのです。

この時、「**ブローボックス**」は、大きく風が回るので、この空気の湿度が60％以下であれば、この水分を更に気化させ結露を防ぐのです。「**ブローボックス**」**は結露を防ぎ、カビの発生を99・99％滅失**します。

現在会社では、この「**ブローボックス**」システムに、加湿器（冬用）、除湿器（夏用）を設置して、更に目視の温度管理をし、部屋の中の温度と湿度を、健康上に適正にしています。
「**ブローボックス**」に住んだ人は、**温度の他に、適正な湿度により、空気から優しさを感じると言っています。カビやダニがなくなり、清々しい住居生活が出来るのです。**

さて、「ブローボックス」の効用の中で、人が最初に実感することは、臭いがしないことです。建物の中には、食物、体臭、トイレ、化学物質等の臭いが混然となり、その家独特の臭いがあります。

特に最近私が感じるのは、室内にペット等を飼う人が増えたことにより、動物を飼っている人の家に入ると、動物臭が感じられます。

「**ブローボックス**」は、この**臭いの素となる有機物質を99・99%分解**します。臭いは敏感な人が多く、空気が清浄であるという前に、臭いが爽やかでないと、感覚的に住宅の中の空気感は劣悪に感じられるものです。そして健康な家のイメージが湧かなくなります。

この臭いの問題は、「**ブローボックス**」で解決されます。

今、家に動物を飼う人には、是非、「**ブローボックス**」をお勧めしたいと思います。

人は一日約3kgの水と食料を取ります。では、いったいどの位の空気を体の中に入れるのかというと、答えは20㎏です。**人は一日20㎏の空気を体の中に出し入れしている**のです。

この空気が、健康で良いものでなければ、人は健康になることはあり得ません。


「健康な空気をデザインする家」を作る理由はそこにあるのです。

「**ブローボックス**」システムは非常に合理的に出来ています。


私は、日本中の家が、このシステムを取り入れれば良いと思っています。しかもこのシステムをU_A値＝０・６w／m^2・k、C値＝１・０cm^3／m^3の当社の建物で、１０５m^2（32坪）の二階建てで、標準設備の設置代金は、ファンと高性能エアコン2台（18帖、14帖）を入れ、更に加湿器、除湿器を入れて、建築条件付にも多少差がありますが、税別50万円程で設置出来ます。ランニングコストは月５００円位です。又、中古マンション、中古住宅にも取付可能で、日本中の家は全て低価格で設置出来ます。オール電化の建物で、生活電力全てを入れて、令和5年2月現在（電気代が高騰しています）**電気料は、全館冷暖房の家、温度、湿度調整が出来て、月平均約17，000円程度、年間204，000円程度**になります。

前にも言いましたように、**私共の作る住宅は、日本の平均的収入のサラリーマン（460万円／年収）の方が対象で（場合によっては、それ以下の年収の人も可）家を建てることが出来**

るという人が一つの目安になっています。

どんなに優れた建物も、一般の人に建てられない高いものは、私達は住宅とは言いません。

誰もが作ることの出来る「住まい」、それが人が主の住宅なのです。

さて、これから作る住宅は、「ブローボックス」を使用するとして、今まで作って、今住んでいる膨大な家はどうなるのでしょうか。６，０００万戸の住宅の大半は、壁にビニールクロスを使っています。ここで「ブローボックス」の構造の単純さと施工のしやすさがあります。ほぼこの本に書いているように、１０５㎡くらいの住宅であれば、税別50万円程度でこのシステムは既存の住宅にも取付けられます。今までの住宅も全て解決出来るのです。

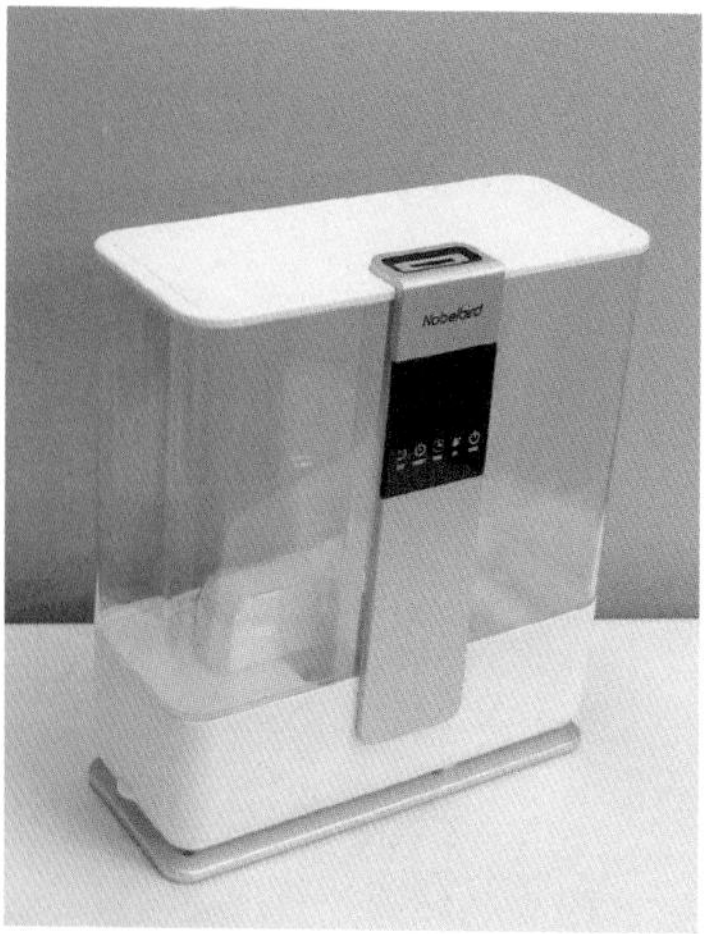

加湿器

除湿器

R5 年 Good Design 提出作品「ブローボックス空調の家」32 坪 2 階建

! 知っていますか？"高原の爽やかさ"

夏の軽井沢、高原の爽やかさと空気の新鮮さは感動します。
この時、温度は適温ですが、もう一つ湿度が重要な役割りを果たしています。湿度が 40% ～ 60% の間なのです。

湿度 40% 以下の環境は、人間の体から水分を取り、更にウイルス繁殖が圧倒的に増加します。60% 以上ですと、体の発汗が出来ず、じめじめした感じになります。

更に空気は清浄でなければ爽快感はありません。湿度を調整出来る家は、日本の住宅では殆どありません。

「ブローボックスの家」は、一年中家にいる時は、高原の爽快さを感じることが出来るのです。

第二章

海外の研修

01

アメリカの住宅産業から学ぶこと

二十数年前にアメリカで10日程滞在する間に、私は徹底的に、アメリカの住宅産業について見て回りました。幸い、親切なツアーコンダクターから、建築に詳しいアメリカ在住の資材会社の社長を紹介して頂きました。

そして、アメリカの資材会社を見て回りました。「ホームセンター」といわれる住宅資材の全てを売っている倉庫と、資材の陳列が一緒になった販売センターとを見ました。

窓枠は既にペアガラス以上で、そこに反射材がコーティングされ、太陽光線をカットするも

アメリカのホームセンター

のが施されていることで、重さは日本の3倍あり、気密性もしっかりしています。床の木材も厚く無垢で出来ており、日本の貼り合わせの合板と違い、土足でも表面が強く、何十年も耐えるものなのです。壁はドライウォール（石灰）を塗るもので、ビニールクロス等はありませんでした。

システムキッチンは合理的で、大きく、まず美しさに目を惹かれました。

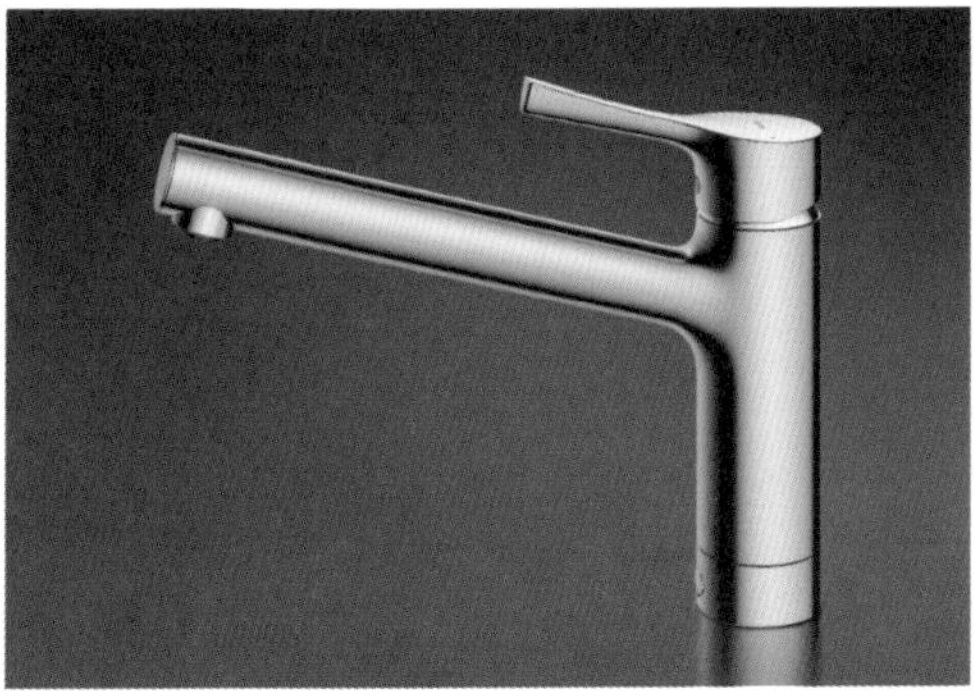

シングルレバーの蛇口

価格でびっくりしたのは、当時日本では、高級品であったシングルレバーの蛇口が、一個約2，000円だったのです。私は、渡米前に偶然水道工事を見積もりしていて、それは日本の18，000円のものと確かに同じものに見えました。1／10の価格、これは何故なのかと不思議でした。

これは全ての商品に言えるのですが、日本の住宅資材の流通機構は、いわゆる工場で生産されると、日本は、商社→一次問屋→地場問屋→住宅会社→一般消費者に来ます。ところがアメリカでは、工場からホームセンターに直接売られ、そこに買いに行くと、企業でも、個人でも、同じ価格で買えるのです。

以前、「グレーマーケット」という言葉がありました。日本で一流メーカーのカラーフィルムが、同じ日本で20%引きで売られているのです。その実情は、メーカーがアメリカの商社に売り、それが、逆輸入されて日本に入り、安く売られていたのです。

このメーカーは、割引きをしないことで有名なメーカーでした。価格のからくりは、アメリカでは中間に問屋と商社が入らないので、安く販売出来るのです。

又、資材の流通は商社を通しますが、英語の話せない日本の会社、社員では、流通の交渉、知識等において不利で、全ての住宅資材は、英語圏の中で取引され、日本は結局、資源国からもなかなかコミュニケーションが取れない商業パートナーなのです。当然それは価格に跳ねかえり割高になるのです。

もう一つ住宅に関して、特に冷暖房することで、内壁と外壁の間に起きる結露現象については、全館冷暖房の先進国アメリカでは、化学的に起こる弊害、そして、管理メンテナンスにおいて50年以上の知識と技術の差があり、それらを研究されつくした資材が並んでいるのです。

壁に貼るシートもゴアテックスのように、水は通さないが湿気を通すものとか、断熱材も経年変化を考え、結局、高気密グラスウールを採用するとか、日本とアメリカには、オートバイにリヤカーのついた車と、エアコンの付いた自動車のイメージ位の資材の差があったのです。先程言いましたように、流通にもコストダウン解決において雲泥の差がありました。

アメリカは、1945年、第二次世界大戦が終わると、膨大な兵器工場が必要なくなり、そこに一時的に住宅産業が、プレハブ住宅を作り工場として利用したそうです。しかし、国土が広く、輸送距離が長いアメリカで、輸送に手間がかかり、壁面構成のプレハブは、資材運搬に優れているプラットフォーム工法(2×6)にその座を奪われます。

約2インチ×6インチの半柱を中心とした、8種類の木材と合板で出来るこの工法は、トラック一台にコンパクトに一軒分の住宅の構造部分を詰め込み、更に現場で壁を作って立ち上げられるため、飛躍的に手間が減ったのです。

日本では、まだプレハブ工法、コンクリート板工法、最近、木材パネル工法等が、いかにも精度が高い住宅等と言われていますが、いわゆる1950年のアメリカ並みの発想がいまだに続いています。

建築業は、「運搬業」という有名な言葉がありますが、いかに必要な場所に、効率良く運搬し、必要な場所に運んで取り付けるかが、大きなコストダウンになるということを示しています。現場に丈夫な枠とか骨組みを運ぶこととは矛盾した考え方です。

小さく運んで大きく現場で組み立てることが必要なのです。

02

アメリカ住宅会社の事業経営

ここからは、アメリカの平均的住宅会社の事業経営の話になります。

アメリカでは当時、日本の人口の2.5倍でありながら、1年間の着工棟数は約140万戸とほぼ同じくらいでした。アメリカ人は一生に8回引越しをすると言われています。もともと彼らは狩猟民族で、獲物を追って移動する民族なのです。生活に合わせて移動するのです。日本は稲作文化で、定住民族なのです。

アメリカでは成人すると、若い独身時代には小さなアパートを借ります。アパートといっても1LDKの単身者アパートでなく、ほぼ日本のマンション程度の広さ（約60㎡）です。それから結婚すると、大きなアパートに住み、更にそこから、子供が出来ると一般に新築住宅は建てずに、まず中古住宅を買うのです。

アメリカで住宅を持つという場合、80％は中古住宅を買うことで、20％の人が新築住宅に住むと言われています。

アメリカの中古住宅

アメリカでは、住宅、不動産のことを、英語でREAL ESTATE（リアル エステート）といいます。「本当の財産」という意味です。アメリカでは、手入れの行き届いた住宅は価格が下がらないのです。ですから、銀行の金融機関の評価も下がりません。アメリカのTVドラマの中であるように、父親が家のペンキを塗ったり、日曜大工で住宅の劣化を防いだりして手入れをし、価値を保つのです。Do it Yourselfは、価値を上げる男の仕事で、誇りあるクラフト（技能、技巧）技術なのです。中古住宅といっても、見栄えが良く、強度、性能は新築と全く変わりません。

アメリカ人は中古住宅住まいを何回か繰り返し、新築住宅を造る場合もあります。職業も転々と能力等で変わります。そして年を取ると、その人の嗜好により、別荘とかマンション、湖畔の一戸建てに住むのです。

アメリカのロサンゼルスで、1947年の住宅を見ました。綺麗な住宅で、新築と価格は変わらないのです。又、カナダ、バンクーバーでは、100年住宅を見ました。荘厳で歴史を感じさせ、美しく、中は現代風にリフォームされて、庭も見事で、100坪の家で価格は1億円位でした。古いものは良いもので、価値があるという思想もあります。そして住宅は、作ってから30年経つと周りの景色に馴染んで、一体化して美しいという美観意識があるのです。実際その通り外国の街並みは綺麗なのです。

インフレを考えると、新築で家を造ると、手入れさえ良ければ、インフレにより10年後に造った時、買った時より以上の価格で売れ、利益が出るのです。**家を買うのは、「本当の財産」を持つこと**で、それはいつでも、買った時の価格で売れるからなのです。

このような住宅市場を理解しないと、アメリカの住宅産業は理解出来ません。

03

土地が安く建築費もリーズナブルなアメリカ

さて、住宅建設会社の話になりますが、家を新築しようとすると、まず土地を探します。土地はアメリカでは安いのです。又、土地だけには何の価値もないといいます。

アメリカのニューヨーク、マンハッタンの中心から、車で30分のニュージャージー州の住宅地の価格は、当時20万円／坪位でした。そして建物を作るのですが、大体、彼等は、2台のガレージを内蔵した60坪位の住宅を建てます。建物の価格は、家具、冷蔵庫、システムキッチン等全て入れて、当時30万円／坪位で出来ると言っていました。

60坪で、30万円／坪で1，800万円、土地100坪で1，000万円、合計2，800万円で、かなり立派な家が、ニューヨーク、マンハッタンから車で30分の場所に建てられるのです。

建物は3ベッドルーム全部にトイレ、シャワーが付きます。田舎であれば土地は、ガス、水道を引いて200万円位で買えます。

家を作ろうと思ったら、まず土地を探します。そして、当時、インターネットが充分でなかったものですから、書店で分厚い住宅の設計書の本を買います。そこに東西南北に合わせたプランが山程載っています。そこから土地に合わせたプランを選び、カタログの会社に問い合わせると、50ページ位の大型図面と材料表が送られてきます。大体の価格は20ドル位です。更に材料表があり、全ての材料とその明細が書かれています。完成パースもついています。それを建築会社に持って行くのです。

建築会社はアメリカでは皆小さい会社です。社長一人と、若い社員一人、事務員一人位の小さい事務所で、一年間に7~8軒の住宅建築とリフォームを行います。そこに行くと、その図面を見て、建築会社は3日程で見積もりを提出します。それには、大工をはじめ屋根工事、外壁工事、様々な工事の職人の手間賃が正確に入っています。

日本では、いまだ「歩掛り」というのですが、今から100年前の人の作業能力を基本とした工賃算定でやっていますが、アメリカでは、一人の大工が1時間にどの位の床が貼れるのか、というような実際に則したデータがあり、ほぼ職人の手間が正確に算出され出てきます。資材は材料表をホームセンターに出すと、そこに単価が入り、全ての資材が入れられます。そこで工事代金が1，000万円、資材費1，000万円、合計2，000万円位になるとすれば、その合計に35％がかけられます。これが管理費で、つまり住宅会社の利益です。

この時、35％が高いと言えば、建築会社の社長は、それでは御自分で資材を買い、職人を集め工事をした方が良いですと言うのです。自分の仕事を休み、毎日現場に行き、工期はいつ出来るのかわからず、又、品質も素人ではわかりません。不良施工になるかもしれません。災害時、事故の保険も自分で負担して持つということになります。合理的な説明をすると、全てに責任を持つ、又、工期内に品質保証の家を作るには、プロに任せた方が良いということになるのです。事実、材料表をもってホームセンターに行けば、素人でも同じ価格で材料は買えます。

建築会社は仕事を受けると、ホームセンターに資材を発注し、現場監督のいるユニオン（組合）で現場監督を探します。この工事を、全部責任を持ってやってくれれば10％を払うと言うのです。現場監督が決まると、彼が大工、屋根工事の会社を探し、工事契約が結ばれ工事の始まりです。工事の中の損失は全て職人の責任で、事故、又、工期遅れの場合には、全て当事者に莫大な損害賠償が求められるので、皆必死で工期を守って働きます。

アメリカの大工が働く現場

04

アメリカの大工は働き者

アメリカの大工は働き者です。彼等は時給5,000円です。（現在は7,000円くらいでしょう。）8時間で40,000円の日給で1か月22・5日働けば90万円、年収1,000万円以上の収入になります。大工は足場を架けません。建物は壁を作り、内側から起こして固定します。急な勾配の屋根でも安全帯は付けません。落ちて怪我をしたらと言ったら、それは自分の責任だと言うのです。天井を貼る時も作業台は使わず、足に60㎝位の義足のような竹馬を使い、それで器用に移動します。

年収1,000万円になると、どのような人が大工になるかというと、ワシントン大学の大学院を卒業したような、インテリで身長が2mもあるような大男が大工になります。そして、とにかくよく働くのです。私が見ていると、日本人の3倍位働きます。8時に始まり5時まで一心不乱に働いて、時間になったら帰るのです。その間現場監督は、ストップウォッチを持ってその速度をチェックします。更に、要所要所で外部チェックの会社が入り、それがOKしないと工事は先に進みません。

内部の工事はドライウォールという石灰を使います。壁材をコテで塗るのではなく、L型の長いレールで仕上げます。早くて綺麗です。日本建築と比べて多少精度は落ちますが、住むのに支障がなければそれで良いという社会認識があります。

様々な施工効率の工夫があり、建物の工期は、日本の工事の工期の半分、2か月位で60坪の家が出来ます。

その完成した建物を見に行きましたが、一言でいえば豪邸です。日本で作れば、坪、当時で60万円以上するでしょう。

私は、全く異次元の世界を見るようでした。

当然、建物は全館冷暖房、3ベッドルームには、全てトイレ、シャワーが付いています。システムキッチンには、冷蔵庫が組まれていて、給湯、給水、設備付きで、このまま日本に持って帰りたいと思う程でした。

05

建物は街の景観を作る公共物

建物のデザインについては、外国では、建物は、街の景観を作る公共のもので、その地区では同じ色、同じ屋根材、外壁が用いられます。そして建物は道路から一定距離を取る必要があり、そこには芝生が植えられ、その管理は住人持ちで、手入れが悪いと市のパトロールが来て芝を刈りそろえ、請求書が住人に届くシステムです。電線は地下埋設です。外国の住宅が綺麗に見えるのは、美しく見える工夫がされています。住宅に一体感があり、街には美しい景観が出来るのです。

ある時、友人が中古住宅の屋根を直すと言うので、板葺(外国では多い)から瓦にしようとしたところ、地元自治会に却下され、板葺を使わなければ、景観の為に家は建てられないと言われました。自治会の許可がなければ、市の工事許可は出ません。

アメリカの建築士が、ある時北海道を訪れ、住宅地を見た時、パステルカラーの色、形の違う家が、所狭しと並んでいるのを見て嘲笑し、「これは何だ。住む街ではない。後世に残

美しく見える工夫がされたアメリカの建物

す建築物を日本では、まるででたらめに作っている。おそらくこの粗悪な統一感のない美しくない住宅は、たとえ性能が優れていても、時代の中で残りはしないだろう。京都の美しい街並みがあるのに、日本人はいつから文化の低い国になったのか」と言ったそうです。

私は十日の間、アメリカの住宅を回り、先ほどのM氏の「日本から、住宅では何も学ぶものはない」という意味がある程度理解出来ました。

日本に帰ると私は、アメリカの建築を基に、いろいろな対策を考えて行くようになりました。

あのプラットフォーム工法2×6を日本で出来ないものか。その頃2×6というより2×4という柱の幅が6インチ（15㎝）から4インチ（10㎝）の工法が、日本で少しずつ定着しておりました。体力のない日本人では、15㎝の壁を起こす時に4～5人掛かりとなり、10㎝の壁なら2～3人で壁を起こせるのです。ところが、その工法で実際に家を作るのですが、コストが上がってしまいます。建物の壁、構造は頑丈なのですが、輸入材が高いのです。又、大工さんが、なかなか針打ちだけの家に対して理解が出来ず嫌がります。在来軸組工法より手間がかかるのです。

職人は親方から教えられ、何度も同じことをして、体で仕事を覚えます。アメ

アメリカの住宅（内部）

リカの工法では納得がいかず、体も動きません。又、一般のお客様に説明する際に、耐震強度の高い、断熱性の優れている家といっても、二十数年前では、お客様自身も見慣れた実績のある住宅を求めてきます。私はアメリカには年に何度も行き勉強し、大工も連れて行きました。文化の違い、日本の建築、木造軸組工法の慣習はたやすく理解してもらえませんでした。結局、在来工法の建物の強度を上げ、断熱工事をするような方法で改善するように努力をしました。

06

欧米輸入住宅建設に挑戦

ある時、市役所より市内業者に、住宅建築工事の入札指名があり、その図面が渡されました。市内業者は、その図面を見て驚きました。

その中には、どれも国内で売っていない材料、屋根材が書いてあるのでした。

私は、大体のことはわかったのですが、市の担当の係の方に、この資材はどこから買うのですかと聞きました。その回答は、呆れるような回答でした。

当時の市長が某県で、A社の輸入材を使って作った家を見て感心し、その会社から図面をもらって入札に出した、と言うのです。

それでは、その会社に工事を発注すれば良いのではないか、と言うと、市は、年度当初に指名参加願を出した会社しか入札参加は出来ないので、その業者は使えないと言うのです。

詳しくはその業者に聞いて、皆さんの中で落札された方は、その会社に下請けに出し、仕事を完成したら良いと言うのです。

そのA社を訪ねると、その会社も了解しており、工事価格を出してくれ、皆様が落札したら資材は出し、こちらで技術指導するので、皆様の大工さんを使って仕事をしてほしい、と言いました。

結局、私の会社が仕事をすることになり、そのA社と資材契約を結び技術指導を受け、その工事は始まりました。資材はカナダのB社よりコンテナでパネルカットされ送られてきました。

ところが、建て方をしている大工がしばらくして飛んで来ました。パネルの寸法が微妙に違っていて、二階まで建てたら3㎝位傾いた家になると言うのです。

日本建築で腕の良いその職人は、こんなものは作れないと言います。カナダB社に問い合わせたところ、結局、住むにはそのくらいは支障がなく、カナダでは問題ないと言うのです。ところが市役所はそれを聞いて、そのような精度の低い建物は、市は受け取れないとのことでした。

パネルを全部分解してきざみ直し、日本式の精度にして建て直しを行いました。大変な赤字の工事になりました。いわゆる2×6プラットフォーム工法です。

本格輸入住宅「ビクトリーカナダ」外壁タイル仕上げ

出来た建物は、頑丈で、二階の床は鉄筋コンクリートの床に匹敵する安定感と強度を感じました。又、窓も外国サッシで、壁材も優れていて断熱性も高く、例えば蛍光灯の光の温度さえ感じられる程の高度な保温性を持っていました。精度を除けば、商品は素晴らしいのです。

私はすぐさまカナダのB社に、技術社員を連れ社長に会いに行きました。20棟ほどお宅の住宅を作りたいのだが、この精度では困るので、当方の指定した通りの精度の材料を送って頂けないかと伝えたところ、快く了解し、その建物を「ビクトリーカナダ」と名付けて日本で販売しました。

先に言いましたが、この工法は大工職人が嫌がるのです。そのためにそれをなだめたり、すかしたりして頼むのですが、会社の発注担当からは、景気の良い昨今、大工が皆逃げてしまうので、この工法は止めて欲しいということになりました。

もう一つ、コンテナで運んでくるのですが、設計変更があると、2か月位資材を待つことになり仕事が進まないのです。

結果的には、この工法は、窓、屋根材、壁のタイルは、カナダのものを使いますが、骨組みは在来工法というところに落ち着いたのですが、設計変更に耐えられませんでした。

その内に、カナダより更に進んだ、北欧スウェーデンの住宅を輸入する話があり、スウェーデンに行きました。

特に窓は、全て木製、三重サッシ、回転式であり、ここにも一長一短がありました。

そうこうするうちに、国内のサッシメーカーの外壁、資材も少しずつ進化し、外国製品を参考にして、ペアガラス、トリプルガラス、外壁にメンテナンスしやすい素材が出てきて、現在は国内のものを使用することになりました。

07

災害に強い住宅という評価

私達の会社は、様々な試みをしました。外壁を全部タイルするなど、今、住宅メーカーでそのような会社がありますが、二十年前に当社はそれを実行しています。その中で、地震の多い新潟で、耐震性の高い住宅を作るという試みがあり、それは確かに、2×6、2×4住宅が優れているのですが、在来工法に、耐震性を更に達成するように、壁量、壁構造の工法に加えて、当社特有の水平床強度工夫、特別製金具を利用する耐震強度が4倍強い建物を開発しました。

一番、最初に考えた点は、私の人生で、新潟で3回経験している地震（1964年新潟地震、2004年新潟県中越地震、2007年新潟県中越沖地震）に対して、強度の高い家を作ろうということでした。そして、台風にも強い、災害にも強い住宅を作ることを考えました。又、新潟は、日本で一番たくさん雪が降る地域です。積雪荷重は、2mの積雪で、1㎡あたり600kgという恐ろしいほどの荷重がかかります。

地震と雪に強い家を考え、私達は2006年、当時の国土交通省にI・S・I合理化工法を認定してもらいました。

イシカワの家は最高等級の耐震等級3を有しており、更に、床水平面を特殊な貼り方により一枚板にする工法と、特別な金物使用により、更に**耐震性を増し、積雪荷重に耐えられる独自の工法、I・S・I工法**を考えだし、全ての建物に使用しました。そして起こった2011年3月11日、東日本大震災において、私共のI・S・I工法は、見事にその成果を発揮しました。

宮城県名取市で、周りの住宅400～500棟がほぼ全壊する中、当社の住宅だけが殆ど無傷で残ったのです。地震と同時に津波が押し寄せ、殆どの建物をほぼ全壊しました。一軒だけ残った住宅には、地震の時、高齢の御主人がいましたが、あいにく奥様は屋外にいて、奥様は津波に飲み込まれ亡くなられました。ご主人は、もし、イシカワの家の中にいたら死ななくて済んだと、嘆かれていました。

福島県でも同じように建物の驚異的な強度が報告されています。

当社の建物には現在、全てにこの耐震システムが使われています。

地震大国日本で実証された優れた強度

過去の大地震での事実が物語る

東日本大震災［宮城県］で、
倒壊を免れたイシカワの住まい。

2011年、東日本大震災の際、宮城県名取市で津波により木造住宅が倒壊・半壊するなか、当社の家が残った事をご存知でしょうか？

この事実は震源域に近い福島県でもその例は報告されています。

そこで耐震性床水平剛性4倍（当社比）という独自の「I・S・I工法」の強度が幾度の大震災で実証されています。

実物大実験や机上の理論や計算値より、実際の災害時にどうであったのかが大切なのです。

当社の家は、木造住宅で日本で最強度クラスの家を実現したのです。

優れた耐震強度の住まいを実現

一般的な壁量計算だけでなく、住宅性能表示制度に基づき、横架材の断面の選択や基礎の配筋など、より精密なチェックを行っています。

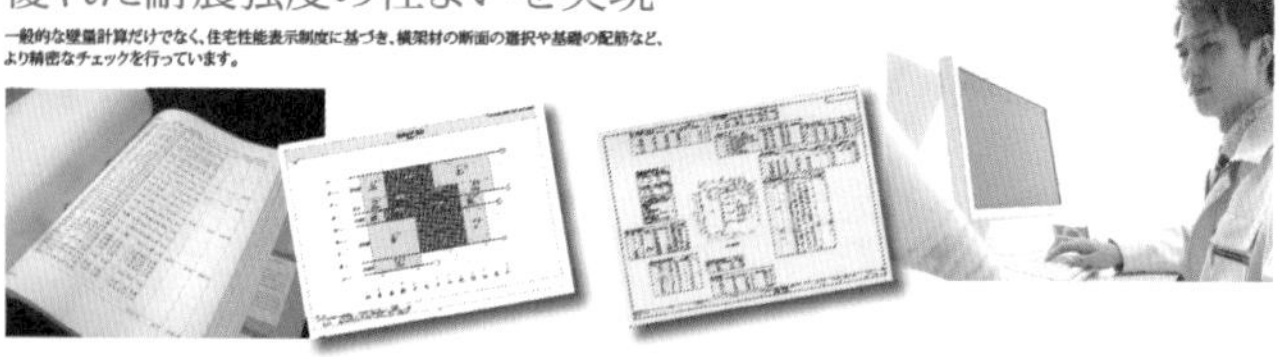

東日本大震災において倒壊を免れた、弊社独自のI.S.I工法

因みに耐震等級1は、1923年に発生した震度6の関東大震災（10万5000人死者発生）に耐え得る耐震性能をもつ建物。耐震等級2は、その1.25倍耐震性を持つ建物。学校・集会場・公共施設等に要求される耐震性です。耐震等級3は、耐震等級1に対して1.5倍の耐震性を持つ建物で、警察署・消防署等災害時に一番大切な建物に要求されている震度です。

当社の建物は、全て耐震等級3を目指しており建築基準法上、最強の建物になっています。

その上にI・S・I工法という、アメリカンプラットホーム工法2×4住宅を参考に、木造在来工法の長所を取り入れ、それ以上の耐震力を持つ建物です。

私たちが目指しているのは、品質が高くそして低価格で作ることのできる住宅です。

08

高品質で低価格の住宅を

私たちの会社は、**住宅価値度**＝**品質×デザイン×サービス**／**価格**という公式を持っています。

どんなに品質が高くてサービスが優れていても、価格が高ければ住宅価値度の値は低くなります。

どんなに価格が低くても品質・デザイン・サービスが悪ければ、住宅価値度は下がります。品質×デザイン×サービスは掛け算になっており、一つでも低いと全体の商品の価値は下がってしまいます。

イシカワは、この公式のもとに住宅の品質・デザイン・サービスそしてそれを除す価値を考えて、商品開発を毎日のように繰り返している会社です。

私たちは、さまざまな商品開発をしてきましたが、常にこの公式を考え、特に**価格は一般のサラリーマン**（**日本の平均所得を持つ人**）**が作れる住宅**をテーマにしてきました。

実験と試みは、成功したものを残し、失敗したものの中から更なる教訓を得て住宅業を進めてきました。

私は、今まで日本の住宅会社が試みたように、実験棟を建てたりしながら、実物で研究してきました。

09

雪に負けない住宅を作る

もう少しイシカワが挑戦したものを御紹介したいと思います。

新潟は多雪地帯で日本一雪の多い県です。5m～6mの積雪の地区もあります。私達は、そこで雪国の建物をどう作るのかというテーマで研究したことがあります。温暖な地方の人達が想像出来ぬ悩みを雪国は持っています。屋根の雪を降ろすことはありますが、新潟県の豪雪地帯では、それを「雪おろし」と言わず「雪掘り」といいます。屋根から降ろした雪が周りに積もり家より高くなり、ついには屋根の雪をその上に投げるので「雪掘り」というのです。

しかし私は、雪は日本の最も大切な資源であると思います。冬、シベリア大陸から乾いた冷たい風が日本海を渡ることで水分を含み、それが日本の山脈にぶつかり新潟県を含む北陸地方に雪を降らすのです。

また、それは「水のプール」として、春になると少しずつ溶けて田畑を潤すのです。

日本は「瑞穂の国」と言われているのですが、これはみずみずしい稲の穂という意味です。

春先にはこれらの雪は水となり、人と植物や動物を潤すのです。

絶妙な自然の水サイクルを持つ奇跡の国が日本です。

私は雪国の人達はその恩恵を受けるための一つの奉仕の運命を持っていると思うのです。

雪国はそれはそれでいいのだと思ってもいます。

さてこの雪に対して、私たちが新潟工科大学と共同で研究してきたのは、**4ｍの雪に耐えて雪下ろしをしなくても良い住宅**を作るということでした。

4ｍの雪は、1㎡に1.2ｔの重さを受けます。このため、この1.2ｔの重さに耐える住宅でありながら、頭の方が重くなり地震に弱くなるので、その対応の強度を持つ家を作るということで、120㎜角の柱を使い平均に力がかかるように柱の密度を高め、壁を多くしました。また、同時にこの雪をどう溶かすかということで、屋根材を二重にしてそこに空気が通るようにし、空気の温度を通して時間をかけて雪を溶かすというNONエネルギーの工法となりました。

実験は一年かかり、雪のない時は麻袋に砂を入れて雪荷重を作り、建物のたわみのデータをとり更に強度を測りました。

気温融雪屋根
雪
屋根構造
風道
±5℃
気温融雪システム
気温…±5℃
湿度…80%
風速…0.6m/s
屋根雪
風
風道
風
断熱材
雪
地面

雪下ろしから解放を叶える「4・L・0」

建物は完成し、**「4・L・0」**と名付けられました。**4mの雪に対する雪おろしが不必要な住宅**は、新潟県長岡市のモデルハウスに作られました。

この「4・L・0」の住宅の欠点は、価格が一般の住宅価格の1・3倍に上がったことと、心理的に4mの雪を持った建物に対しての違和感、険悪感でした。この住宅は、結局実験棟のみで終わってしまいました。ただ、屋根を二層にして空気を送ることで、空気の温度と流通で雪が溶けるという点では大変勉強になり、空気層を通して雪を溶かす働きをする仕組みを住宅に設ける点について、日本でいち早く取り入れることが出来、現在に続いています。

10

中小企業でも大手に勝てる

また、イシカワではできる限り自然素材を使う住宅、そして環境に配慮する住宅の開発にも取り組みました。最終的には口に入れても害のない素材で作る建物、接着剤はニカワ、米粉、塗装も自然素材の住宅をてがけた時期がありました。これ等は欧米の住宅を研究し、かなりの研究費と開発費をかけ、実験棟（実物大住宅）を作り、研究しました。

素材はドイツに行き、ドイツの伝統的な壁紙ルナファーザーに植物性塗料アウロを塗ったり、更に無垢材床・無垢材フローリングを求めてス

自然素材の住宅（外観）

ウェーデンに行き、様々な試みをしました。

確かに良い建物はできたのですが、コストがかかりすぎるのです。そして、あまりに新しいもの、今までにないものはやはり日本人の保守的な考え方に合わないのでした。「コスト」―開発する時はいつもこのコストに苦しめられました。

住宅は、高い素材を使えばいくらでもいいものが出来るのですが、それが当社の住宅価値度の公式からすると、一般の人が買えない商品は商品ではないという結論になりました。

自然素材の住宅（キッチン）

当社は、まじめに働くサラリーマンの作れる最高の家をという課題があり、良いものを開発してもそれが商品にならぬものは、実に多くありました。そうしているうちに、イシカワグループは新潟県でNo.1のハウスビルダーになりました。その評価は、それからもう十数年続いていています。

私は時に痛快に思うのですが、日本の最大の自動車メーカーは「トヨタ」です。ですから日本のどの県に行っても殆どトヨタの車が一番多く走っています。これは、一番品質サービスが良く、多数の人が認めているからなのでしょう。

住宅はどうか。日本No.1のS社は、新潟では私共の半分の住宅も作れません。I工務店も同じです。M社も他も私達のグループより棟数は少ないのです。それが本当に日本一の品質なら新潟でも着工棟数No.1になるはずです。現在**新潟において、9件に一棟は、イシカワの家**になっています。

私は、住宅産業は素晴らしいと思うのです。トヨタの車に地場の町工場の車が勝つのです。住宅産業はその性質上(現場がすべて一つずつ離れた場所にあること)から、大量生産大量販売のメリットがありません。大きくすれば、大きい程管理費が嵩み、品質の割合に価格が高くなるという矛盾がでてくるからです。

更に、木造住宅の場合は、大手も私共も同じ資材を使い、同じ職人を使わなければならないのです。

見方を変えれば、全産業の中で、**中小企業等が大手に勝てる可能性がある**数少ない事業の一つなのです。

11

当社の住宅への科学的チャレンジ
―とんでもない全館冷暖房の住宅が売られている―

さて、もう少し会社の開発した商品に対して話したいと思います。

私共は、全館冷暖房についても、今から二十数年前に研究して、モデルハウスまで建て考えた時期がありました。

それは、「全館空調」と言い、某会社が現在売り出しているシステムで、それをはるか昔に考えていました。

これは、エアコンと暖房を一つの小さな部屋に入れ、その部屋の中から各部屋にパイプでその空気をファンで送り込むということでした。

理論としては成り立ちます。高断熱にした建物で計算した熱量をパイプで送れば各部屋の空気は暖まるはずです。ところが、送る空気量がパイプでは少量なのです。

もう一つ大きな問題がありました。この方法ですと、パイプの中に結露ができ、カビが生えてしまいます。パイプの中のカビは除去不可能でこのカビが体の健康をむしばむと同時に、これを餌にするダニが発生しやすくなるのです。

私達は、二十数年前にこの方法を捨てました。理論と現実のエビデンスが、完全にずれていると考えたからです。

しかしこれは理論的に特許がおりて、それを販売しているのですが、必ず後で人の健康を損なうものではないかと考えております。

「**ブローボックス**」を考えた時、これらの失敗の教訓はとても役に立ちました。「失敗」は考え方を変えてみれば、そこから成功の結果以上の教訓を与えてくれます。

私の人生は、**多くの失敗により成り立っている**と今実感しています。

さて、この他に私達は、無暖房・無冷房住宅(パッシブハウス)にも挑戦しました。

これは、自然エネルギーを利用する住宅です。機械的な設備ではなく、ひさし、窓を計算し太陽光をできるだけ利用し、又夏は風通しを良くして涼しさを実現する家です。その他、蓄熱構造体を造り地熱等のエネルギーを使う住宅です。

関東地方の温暖で太陽光線の多い地方では、ほぼ暖房費のいらない住宅もあります。

しかし、新潟では日照時間の関係でこれは無理であり、ある程度しか自然エネルギーには期待できないことがわかりました。

更に地熱を利用することも考えました。これは、色んなところで考えられていますが、地下にヒートポンプのシステムを使い、地熱を利用する方法等があります。

私共の使った方法は大きなパイプを二重に地下に5メートルほど入れ、夏に冷気を冬に暖気を建物に入れるシステムです。この欠点は、やはりカビの発生とこのシステムだけで冷暖房は充分でなく、やはり補助冷暖房が必要だったことでした。

何より施工費が高く、当社の住宅価値度の公式には当てはまらなかったのです。そのうちに、省エネルギーの冷暖房機械が出て、更に建物の高断熱化をしながら、機械式の冷暖房能力が向上するなかで、費用対効果の面で見劣りが生じ、これも失敗に終わっています。

また十年ほど前に、私共は太陽光発電をより上手に利用し、当時、環境住宅、自然素材住宅、エネルギー効率で世界一と言われていたドイツの住宅を、日本の在来軸組工法で作ることを考えました。

この住宅のきっかけになったのは、電力会社が政府の指示で自然エネルギー太陽光発電を普及させるために、太陽光の発電で昼に余った電気を三倍近い値段で買い取るというシステムを作ったことでした。

太陽光発電パネルは、光を受けると電気が発生しますが、一般の家庭では昼は人がいなくなるため冷蔵庫や他の家電の一部でしか使えず、70％以上の電気が不必要になります。そこで、この余った電力を電力会社が買うというシステムでした。

当時18円／kwで家庭で買う電気に対して、余ったものを45円／kwで電力会社が買い取る（10年間）と言うのです。

そのころは蓄電池がなく、このようなシステムがないと太陽光発電は普及しないと国は判断したのです。

その電力会社の買電の内容が、売電の3倍になるというのは、一般の消費者が電気を買い入れる電気代に、この買売費用の差額を加算して、そのお金で余剰電力を高く買い取るという仕組みです。

これについては、現在は「使わない人からお金を取り太陽光を使う人にお金をあげる」と言う矛盾が指摘され、ドイツなどの国もやめていった方法でした。

現在は、約40円／kwで買う電気に対して、電力会社の余剰電気の買取りは、16円／kwになっています。

しかし、当時の私たちの計算では、ドイツ仕様の高断熱住宅で太陽光発電をのせると、全館冷暖房をしても電力会社の余剰電気買入れにより35坪の家で、月々4万〜5万の収入が出ると言う計算が成り立ったのです。

ただ、住宅の壁厚を30㎝にすると、そのため建物は同じ生活使用面積と比べると、1.2倍程に大きな建物になります。窓も輸入品の三重サッシにし、高断熱高気密の工事をしました。カーテンもハニカム構造の分厚いカーテンにし、その建物が完成しました。

そして収入はその通りになったのです。しかしこの住宅は建物の壁がふえて、実際使う面積の1.2倍になることで、コストがかかり何より10年間の時限対策で、10年後に電力会社の買い入れは、9円／kwになるのでした。

使う電気の買い入れと、国の方針の変更で、電力会社の電気買入れ価格が逆転し、この方法は成り立たなくなりました。このモデルハウスは売却し、今でも施主の方から喜ばれています。そうしている間にもアメリカとヨーロッパへ1年に数回訪問して先進国の優れた素材を日本へ取り入れて参りました。様々な住宅の改良の中で最大のテーマは、品質の高い住宅に、更にどうコストを抑えるかのこの二点で、会社は苦しんで開発をしていました。

私はこの研究の先頭に立ち、社長業の中で出張と旅行に行く以外は、ほぼ朝から晩まで仕事をするようになりました。

私は、興味があればどこにでもどんな遠いところでも飛んでいき、それを確かめました。失敗などが多くても私は

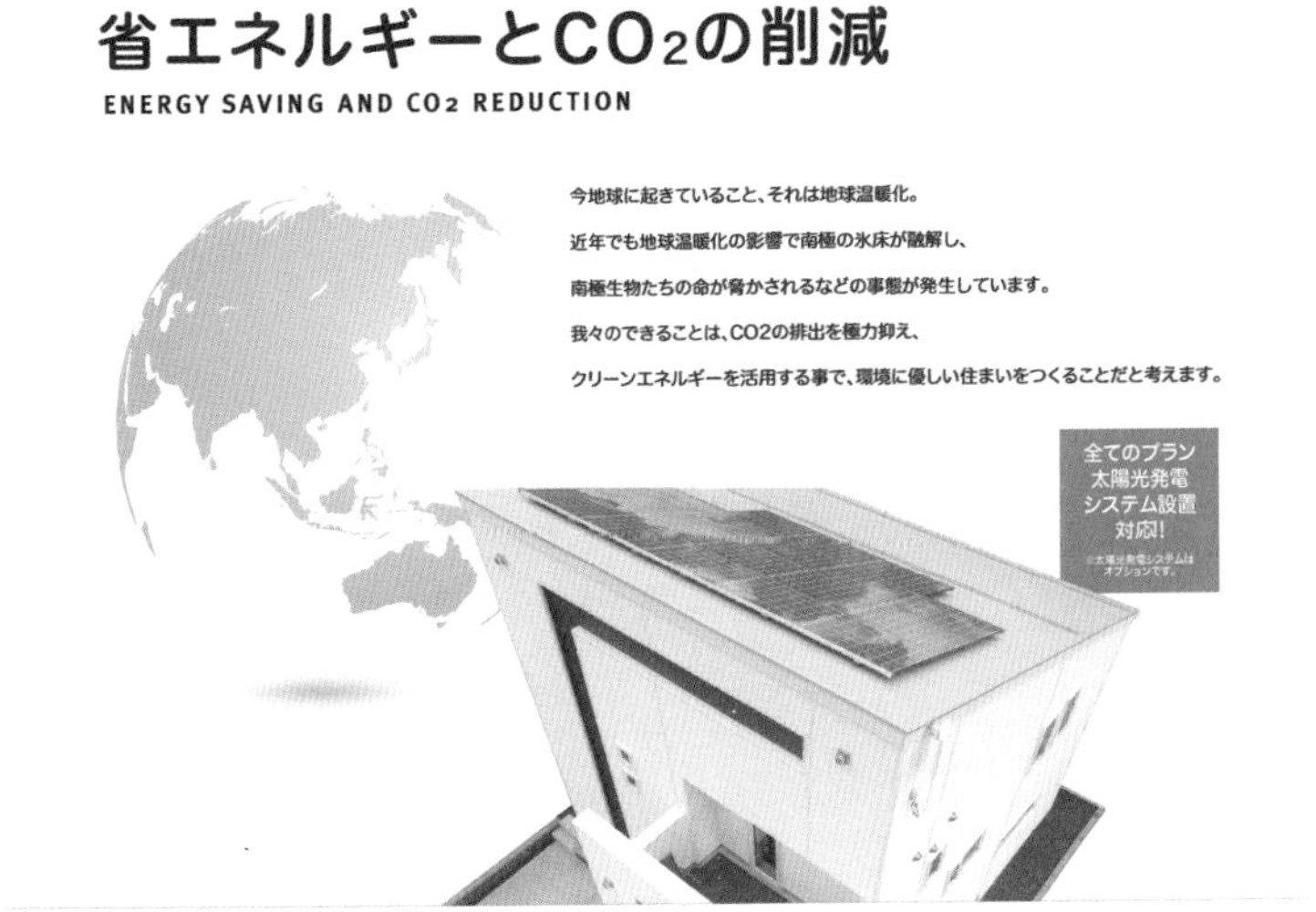
省エネルギーとCO2の削減
ENERGY SAVING AND CO2 REDUCTION
今地球に起きていること、それは地球温暖化。
近年でも地球温暖化の影響で南極の氷床が融解し、
南極生物たちの命が脅かされるなどの事態が発生しています。
我々のできることは、CO2の排出を極力抑え、
クリーンエネルギーを活用する事で、環境に優しい住まいをつくることだと考えます。
全てのプラン
太陽光発電
システム設置
対応!

太陽光パネル

野球に例え、

〝野球の3割バッターはすごいだろう。私は60％失敗するので4割バッター〟などと言って笑っていました。やった事は失敗の方が多かったのです。そしてその失敗こそが、次の新しいステップを生んでくれたと信じています。

壁厚 30cm の家

第三章

私の道程とイシカワの歩み

01

理想の生き方

さて、「**ブローボックス**」の開発から話が始まった関係で、アメリカのプラットフォーム（P80参照）（2×6）（2×4）の話を中心にアメリカの実情を詳しく説明しましたが、私の50年以上にわたる住宅の仕事の中で、結局日本古来の軸組工法を中心に事業展開してきました。

ここで私が今まで辿った道程を振返り、住宅の変遷等を含め、少し説明させていただきたいと思います。

私は1947年生まれの現在76歳です。若い経営者の皆様からすると高齢で、時々、時代の大きな流れの中で戸惑うことさえあるのです。

しかし私の夢は、できれば死ぬまで現役で仕事をしてこの世を去ることです。

時々、冗談で社員に理想の死に方を話します。それは、ある日社員が社長室に入ると、朝出社した社長が机にうつぶせになって死んでいる、これが理想の死に方で、朝は元気よく会社に出て部屋で亡くなるのですから、家族にも介護の世話にはならないでしょう。それから火葬場に運んでもらえば手間もかからないと思います。

私は、人の生命は不滅であると信じています。生命とは今の私の心、体ではなく、私の体の中のDNAが生命であると思っています。そして心、体はDNAのビークル（乗り物）で、本当の生命はDNAであると思います。

そしてこの私の体の遺伝子DNA（生命の遺伝情報を保管している鎖状の高分子二重らせん）は、男女が結婚すると両方の遺伝子がコピーされて子に伝えられ、つまりその時点で遺伝子は子という新しいビークルに移るのです。この時点で、親のほうの遺伝子は生命の流れからすれば不要になります。

そしてそれが繰り返されて遺伝子は未来永劫にコピーされ生まれ変わり、突然変異を繰り返し新しい生命体になると思うのです。

遺伝子こそが、私達の生命の本体で、心と体は乗り物であり、それ故に生命DNA遺伝子は不滅で、仏教で言うところの輪廻転生ということになるのでしょう。ただ、私の今の心と体は、不滅ではありません。

また、今の私の体も、過去を遡れば1個の細胞から始まっており、生命体ができ、更にそれ以前は宇宙から運ばれてきたDNA遺伝子であり、本当の生命体DNA遺伝子は途方もない時間と空間から過去未来につながって不滅であるのです。

私は微生物であり、プランクトンであり、魚であり、恐竜であり、獣であり、将来は昆虫であり、全く想像のつかない生物に繋がっていくのです。

そう考えるとこの時代、人と言う生命体として存在している事はなんと幸せなことでしょうか。これは仏教の教えにつながっていくことでしょう。

死は恐れることでなく、永遠の生命を作り出すための必然的な大切なシステムの一つであると言えます。

さて、話が脱線してしまいましたが、私がお伝えしたいことは、幸いにも人間に生まれ、この住宅産業に携わったわけですので、死の瞬間まで与えられた自分の仕事をし、できれば自己実現の心境でこの世を去りたいということなのです。

そして最近、この「住宅産業」は、一生をかける事業にふさわしく、また中小企業が大企業に必然的に勝てる数少ない事業であると考えています。この仕事に偶然就いたことに、私は心から感謝をしたいと思っています。

02

私の道のり

さて私は、小さな土木会社を経営する父と母の元に、1947年に長男として生まれました。同年、父は終戦で戦地から帰ると、代々の農業をしながら地元の人達と共に、当時戦後国民の食料確保のために始められた、耕地整理組合事業の発注する農地の土木工事・用水路・排水路の改修工事を専門とする20人ぐらいの土木会社を始めたのです。

私が高校1年生16歳の時、父は癌で亡くなりました。私の母はその時点で会社を整理し廃業し、学歴のなかった父の唯一の遺言である「息子を大学に入れてほしい」と言う事だけを守るつもりでいたのですが、一緒に働いていた親族、地元の人たちの願いで、仕方なく私が大学卒業するまでという条件で、親族である自分の甥を専務にして事業を続けました。

ところが、私が卒業する頃に様々な理由からその甥が独立して、経営者のいない会社になってしまいました。そこで残った社員から強い要望があり、抗しきれず私は大学を卒業すると同時に社長になったのです。

大学を卒業したところで、商売は分かりません。社員に聞きながら仕事をするありさまで、社員からするとなんとも頼りない社長だったことでしょう。

私は毎日土木の現場に行き、昼は社員と土を掘り、コンクリートを打ち込み、夜は勉強するという状態が3年位続きました。私の経営力がなくて、継いだ資産は底をつきはじめ、その頃に母がやはり癌で亡くなりました。母は情けない思いで亡くなったと思います。

私は、母が亡くなった夜、一人で考えました。何故自分は経営ができないのだろうか、なぜ利益が出ないのだろうか、夜を徹して朝が来た瞬間にその答えが閃いたのです。

それは非常にシンプルな二つの答えでした。

一つは「自分はいつも失敗ばかり考えて、成功すると思って仕事をしていなかった。」それが原因で、私の心の中には失敗のイメージがありました。

二つ目は「自分は今まで利益を上げようとしていなかった。そして、1,000円のものを

1，200円で売る事は、心のどこかで罪悪感を持っていた。」ということでした。

私は朝日の射す中「**これからは全て必ず成功する**」「**正当な利益は正しいこと**」この二つを心に刻みました。

それから50年経ちますが、その日以来会社は一回も赤字になったことはありません。そして会社は無借金経営が続いているのです。

母が存命の内にこのことがわかれば、私の母は安心して亡くなったと思うとそれは大変残念であります。

私は若い経営者から時々経営の相談を受けます。その時いつも言うのは、この二つのことです。そして多分これから少子化により、経済が縮み、半分以下の住宅着工棟数になり、経営が苦しくなる私たちの業界の皆様にとっても、またどんな時代になっても、このことを心に打ち込めば、必ず事業発展の道につながると信じています。

03

土木業から住宅業へ

さて、その「悟りの朝」から、私は今まで行っていた土木工事では、これ以上豊かになれないと思いました。

競争会社が多く、公共事業なので、こちらの都合で仕事を多く受注することが困難なため、もっと潤沢に仕事があり、自分たちで価格を決められるような仕事がないかと考えました。

その時、当時年間180万棟以上作られていた住宅工事に目をつけました。

その当時は、住宅は大工の作るものでした。そして、親方、子方の職人制の中で零細企業が多く、前近代的な経営をしていたのでした。

「私は大工ではないが、大工を使えば良いのではないか」

そのような単純な発想から住宅建築業に参入することになりました。

私は、大工さん達の経営者が出来ないことはないのかと考えました。それは、

「**視覚的なプレゼンテーション**」でした。

当時の住宅建築はパターンが決まっており、瓦葺屋根、柱による軸組工法、壁は土壁、外壁は板張りで、やっとアルミサッシと水洗トイレ、システムキッチンが普及し始めていました。

大工さんに家を頼みに行くと、自分の今まで作った家を見せ、私に任せてくれたら家を作ってやるという程度の商売でした。

住宅建築の仕事は沢山あり、私の言うことが聞けないのならよそで作ってくれという程の景気の良さだったのです。

「素人のあなた方にわかるわけがない。私に任せなさい。」

その程度だったのです。

私は本屋に行き資料の写真を集めプランを研究し、その当時としては、立派なプレゼンテーションを行いました。当時はプレゼンテーションをして売る会社はありませんでした。

もう一つは毎日必ず現場に行き、時々施主に会い、毎日電話をしてコミュニケーションをとりました。これも当時の大工さんはしていなかったのです。

私は昼に土木会社の仕事をし、夜と土日に住宅営業を始めました。

その頃、本当に幸運でしたが、私の高校時代の恩師が私に家を作る相談をしてくれて、私にその建築を任せてくれたのです。

そしてそれが当時にはないデザイン性の高さが買われ、周りの人の評判になる家になったのでした。

学校の先生には同僚が多く、それを見て他の先生方が次々と私に住宅建築を任せてくれたのです。そしてそれを作っている人がまた紹介してくれ、3年目には20棟位作る住宅会社になっていったのです。

営業はすべて口コミでした。私は正直驚きました。成程、商売というのはこのようなものなのか。人の欲しがる住宅を作れば、お客様はそちらの方から来てくれるのだと思いました。

とにかく忙しくなり、それから徹夜が続き、時には二晩徹夜するようなこともあり、社員を増やしていきました。人を増やして受注を増やし、受注が増えるとまた人を増やし、経営はいわゆる成長に苦しむ展開になっていきました。

しかし、ある意味、自分で売り上げを計画し、利益を考えられることは楽しい仕事でした。

私のテーマは「**他の会社にできないことをして喜ばれる**」。そのような方針で仕事に進んでいきました。

04

失敗から学ぶ

順調のような話をしましたが、簡単ではありませんでした。そして成功があり、手痛い失敗があり、そこから学ぶものが多いことも実感してわかりました。

私たちは様々な分野に手を出していきました。そして40年ほど前から、それまでの大工さんが柱を刻み、現場で上棟する仕事から、「プレカット」、いわゆる工場で木材を刻み、それを現場で大工さんが組み立てるという在来工法ができました。大工さんの仕事は「ぐんと楽になり、加えて新しい外壁材・建材・衛生器具などが次々と登場してきました。アルミサッシも改良され、内部のドアも建具も、建具屋が作るのではなく大量生産型のものが多く出回ってくるのです。どんどん形ばかりは近代化していきました。断熱材も改良されていったのです。

日本の住宅のモジュール（住宅の基本的な寸法）は尺で、畳の寸法が基本で91㎝です。これを100㎝（メートルサイズ）にして柱を少なくする、メーターモジュール（メートルサイズ）住宅なども出ましたが、強度・使い勝手でやがて消滅していったのです。

年間100棟を超えるようになると、社員は40人程になっており、いわゆるハウスメーカーになっていました。1988年頃でした。この頃、新潟でもいわゆる競争相手ができました。

私のできることぐらいは、考えれば誰でもできるので、相手もこちらを研究し同じようなものを作ってくるのです。

そして、設計の上でも、施工の上でも、営業面でもいやという程数多くの失敗を経験しました。しかし、失敗こそが一番の教師であると思います。私達は失敗に誠実に対応していきました。

そして住宅総合展示場が出来、各メーカーが出店して住宅展示し、そこに行くと県内外の主要メーカーの家が見られるという展示システムを、主にTV局、新聞会社が事業体となって作り、TV、新聞のPRも含めて時代は「PR時代」に入っていくのです。

05

誰もが買える家を作るために

この頃から県外大手、中央大手の住宅会社が県内に現れ、大量宣伝ブランド化で、大量の営業マンを投入して、いわゆるプレハブ全盛時代がやってきました。

それに対抗するために私たちは、社員と共にどう差別化するか毎日のように考えていったのです。

毎日、試行錯誤するなかで、念頭に置いたことが5つあります。

まず一つ目は、同じ仕事なら**どこよりも安く**家を作ろう。更に、**他の会社にないものを加えて**住宅を作ろう。

その中で冒頭に話したアメリカ視察の話が出てくるのです。1993年時点で、私は一つの公式を作りました。

前述した通り

住宅価値度＝$\frac{\text{品質×デザイン×サービス}}{\text{価格}}$です。

どんなに品質が良くても、価格が高ければ住宅価値度は低くなる。どんなに価格が安くても品質やサービスが悪ければ住宅価値度は低くなるという概念でした。

世の中では、宣伝にお金をかけてブランド志向を目指し、価格は当然うんと高い住宅があります。それも一つの商売でしょうが、当社は「**誰でもが買える、平均なサラリーマンがローンで作れる家**」、これがテーマでした。

そこで安くていい住宅を作るにはどうすれば良いのか、その実現のために何が必要かと考えました。

私達は職人の協力を求め、職人がどのように働いているか、社員がつきっきりでその現場の大工さんの働き方を調査しました。そこで一般的に大工さんの一日の働く時間が出てきました。

大工さんは、1日43％しか実働していないということがわかりました。もちろんこれは大工さんによって違います。あくまで当社の大工の平均です。そして同じように建物を作る時、よく働く大工さんは働かない大工さんの2倍ぐらい働くのです。

よく働く大工さんは、まず、手先が速いのです。そして作業の仕事の準備が良く、一日の労働時間の中で実働時間を増やしていました。仕事にも工夫があり、例えば1番先に使う材木は1番上に現場に積んでおく。クレーンで材木を吊るす時、材木が回転しないようにする、現場の整理整頓をする、現場に行く時、早朝に出てラッシュアワーにかからない等々、工夫をしていたのです。

この優秀な大工さんの現場を普通の一般的な大工さんに見せ、勉強会をするうちに皆が真似をするようになり、手間賃が1.5倍位上がったのです。その分工賃を安くしてもらって工賃を浮かせること等々を実行しました。

机の上のきれいな人は仕事が早い人で、仕事もきれいです。現場のきれいな大工さんは仕事も早く、仕事もきれいで、お客様の評判も高いのです。

二つ目は、材料の大量仕入れと画一化です。外国からの資材輸入もこの頃大きなテーマとなりました。
三つ目は、無理・無駄・ムラをなくすことでした。
(1)無理は能力以上のことをする状態
(2)無駄は能力に対して充分成果が上がっていない状態
(3)ムラは無理と無駄と管理不足で成果が一定しないこと

社員にこれを具体的になくす教育をしました。

四つ目は、職人の稼働日数を増やすことにより、職人の給料を上げることです。
住宅の工事は25種類以上の職種が入ります。そしてそれぞれ請負です。それ程仕事が順調には回らず遊びが出ます。1か月に平均68%位しか働く日がないのです。これを90%にしてやれば収入は1.3倍になります。増えた分の半分はコストダウンしてもらえました。

五つ目は営業方法です。住宅会社の営業は大体歩合給で、彼等の給料は非常に高く、それが建物の価格に反映します。固定給社員の方針を取りました。更に、口コミでお客様が増えれば、ＣＭはいりません。また地元中小企業は、地元に密着しているので管理費が少ないのです。これで15％位は安くなります。

この他に色々な方法を組み合わせると、大体１／２位の価格で住宅は建つという計算ができたのです。これらの方法は単純ですが、他の産業でもいわゆるコストダウンの一つの形式になっているはずです。

私はある時、その頃評判のローコスト住宅など様々な建物の価格を調べようと、日本中の住宅展示場を訪問し、日本中の建物を調査しました。

その結果日本では、$\frac{\textbf{品質}}{\textbf{価格}}$＝**住宅価値度**（**品質A**）で、私共の会社の価格を超える家はないことがわかりました。私共は自信を持って販売しその成果があらわれ、新潟Ｎｏ・１の住宅着工会社へ成長していきました。そして「**良質住宅**」という当社のブランドは生まれました。

06

「良質住宅」とは

その内容を紹介します。

1　建物の現在の4つの対策

(1)空気環境対策ー画期的全館冷暖房空調システム

(2)耐震対策ー安心耐震性の高品質仕様

(3)断熱対策ー生活を豊かにする高気密高断熱

(4)劣化維持対策ー長期の暮らしやすさを支える対策

2　住宅価値度を新住宅価値度へ変更

$$\frac{\text{品質×デザイン×サービス}}{\text{価　格}} = \text{住宅価値度}$$

を進化させて

品質×デザイン×サービス×健康性×環境性
価　格
＝**新住宅価値度**に変更する

3　世界水準の家を作る
（1）2022年国土交通省のZEHの基準の家を作る
（2）温度湿度を均一にした全館空調システムの家
（3）床・天井・壁面に光触媒二酸化チタンを施した健康環境住宅
（4）耐震等級3を有した100年もつ長命住宅
（5）優れた気密断熱性能で光熱費を削減できる省エネルギー住宅

4　厳選された構造材
（1）I・S・I工法（耐震性水平剛性4倍）
（2）スーパープロテクト工法（特殊金物接合）
（3）スーパーホライゾン（床面一体化構造）

5　冷暖房費を断熱と遮熱で大きく抑制する

6　お手入れが簡単で美化が長続きする住宅

7　水回り設備等のオール電化によるランニングコスト削減

8　機能性や意匠性をプラスしたエクステリア

9　「**ブローボックス**」標準装備

10　未来を考える家づくり（先進性）

11　省エネルギーによるCO_2削減

12　長命住宅と環境（病気に強く、リスクを減らし、資産価値のある家）

13　経済性を考える

14 SDGsの取り組み

15 長期60年保証制度、10年設備保証

以上が「**良質住宅**」のポイントです。

株式会社イシカワ

事業内容	公共土木工事･建築工事･管工事･民間建築工事 住宅事業、不動産業
本　社	新潟県新潟市秋葉区大蔵738-1
設　立	1968年10月
代表者	代表取締役　石川幸夫
TEL	0250-22-2000

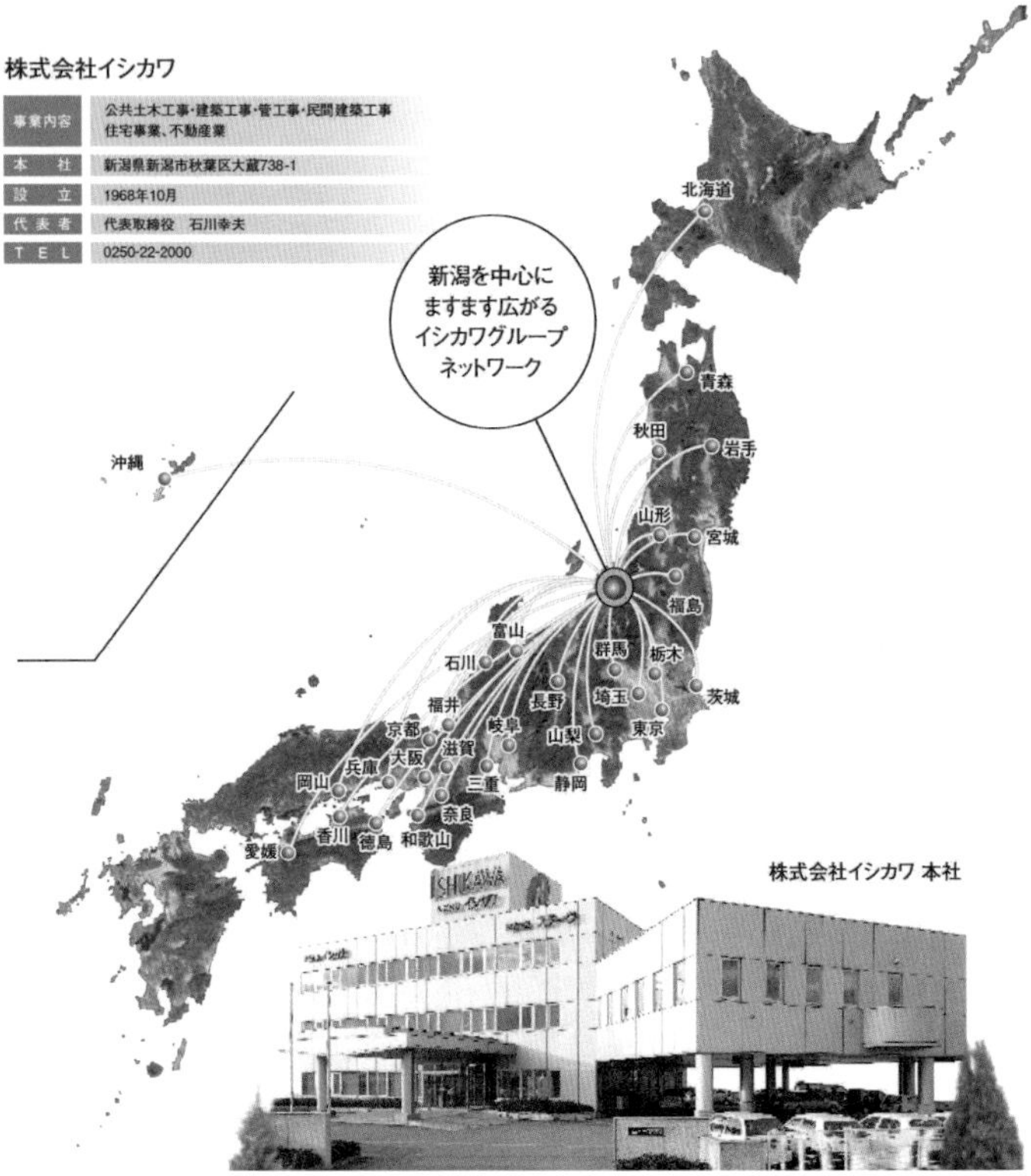

新潟を中心に
ますます広がる
イシカワグループ
ネットワーク
北海道
青森
秋田
岩手
山形
宮城
福島
群馬
栃木
茨城
埼玉
東京
富山
石川
長野
山梨
静岡
福井
京都
滋賀
岐阜
兵庫
大阪
三重
岡山
奈良
香川
徳島
和歌山
愛媛
沖縄
株式会社イシカワ 本社

（資料 2020年現在）

知っていますか？
“暖房温度より体感温度が省エネルギーになる”

建物の壁面が暖まりますと、壁からの赤外線を体に受け、人は室内温度以上に温度を高く感じます。

私達の実験では、「ブローボックスの家」は、冬は壁を暖め、夏は壁を冷やすので、体感温度が 3℃から 4℃くらい違い、暖房温度が低くても暖かく感じます。

計算では 15% くらいの冷暖房光熱費が少なくて済みます。

第四章

「ブローボックス」の基本的構想

01 地球温暖化と林業

さて、現在地球温暖化が問題になり、CO_2の削減が世界中の課題になっています。CO_2を削減する為には、石炭、石油、天然ガス等化石エネルギーを使わず太陽光、風力、地熱などの自然エネルギーを使う方法があります。

又、植物はこのCO_2を吸収して光合成を行い、自分の体に炭素を固定し酸素を出します。緑の植物の持つ力は大きいのです。特に木1本の果たす役割は大きく、杉の樹木はCO_2を30年間吸収し、その後、柱の取れる大きさの木になります。また30年以上経った木は、その後、光合成が止まりCO_2は殆ど吸収しません。

その木を切って柱にし、建物を作ると、建築物に炭素（C）が固定されます。そしてまた新しい木を植えていくと、CO_2を吸収してくれます。森林産業はCO_2削減にとって非常に大切な役目を果たしているのです。

ところで、1本で取れる杉の木の価格と檜の価格とを知っているでしょうか。令和5年時点で、それぞれ300円と400円です。

林業は手間がかかる仕事です。木を管理し枝を落としまっすぐな木を育てる。そしてそれを山から出して製材するのです。手間の割に利益が出ない仕事で、林業は後継者も少なくなり日本の山は荒れ放題です。木は曲がりくねっていて、柱になりません。森林は地球の「肺」なのです。林業から働く人が離れていったのは、安い外国産の木材が原因です。

カナダ・ロシアから安い木材が入ってくるのですが、カナダでは森林が多く、パッチワークのように今年取る位置を決め、それを順番に伐採しその森林に20m位の幅の道路を作り、100tトラックが効率よく材木を港まで運び、港のそばの工場で電気乾燥し柱材を作ります。カナダの電気代は日本の1／4位です。そして日本に送ってくるのです。日本には木はあっても道路がなく、木を出す作業にお金がかかります。また木も少なく、カナダより高くなるのです。

もう一つ国策で自動車を売る時、日本はアメリカ、カナダからバーター取引の条件の中で、牛肉も買わない、小麦も買わない、オレンジも買わないで何を買うのかと問い詰められ「木材を買う」と約束してしまったのです。

安い材木がどんどん入り、国産材が勝てるわけがありません。しかしCO_2削減のためには、また治水、洪水の災害を考えると、林業はなくしてはならない産業で、今になって国産材を使いましょうと言いますが、もはや日本の森の中で、柱として使う材料が少ないのです。林業は、日本の国では大変採算の悪い産業になってしまいました。

ところで、木は人と同じように生きた生物なので、住宅資材として使った時、人間の体に良い影響を与えます。例えばマウスを、一匹はコンクリートの箱、もう一匹は鉄の箱、最後の一匹は木の箱に入れて適温適湿で食べ物、水を与えると、2か月位でコンクリートの箱のマウスは死にます。鉄の箱のマウスもその後す

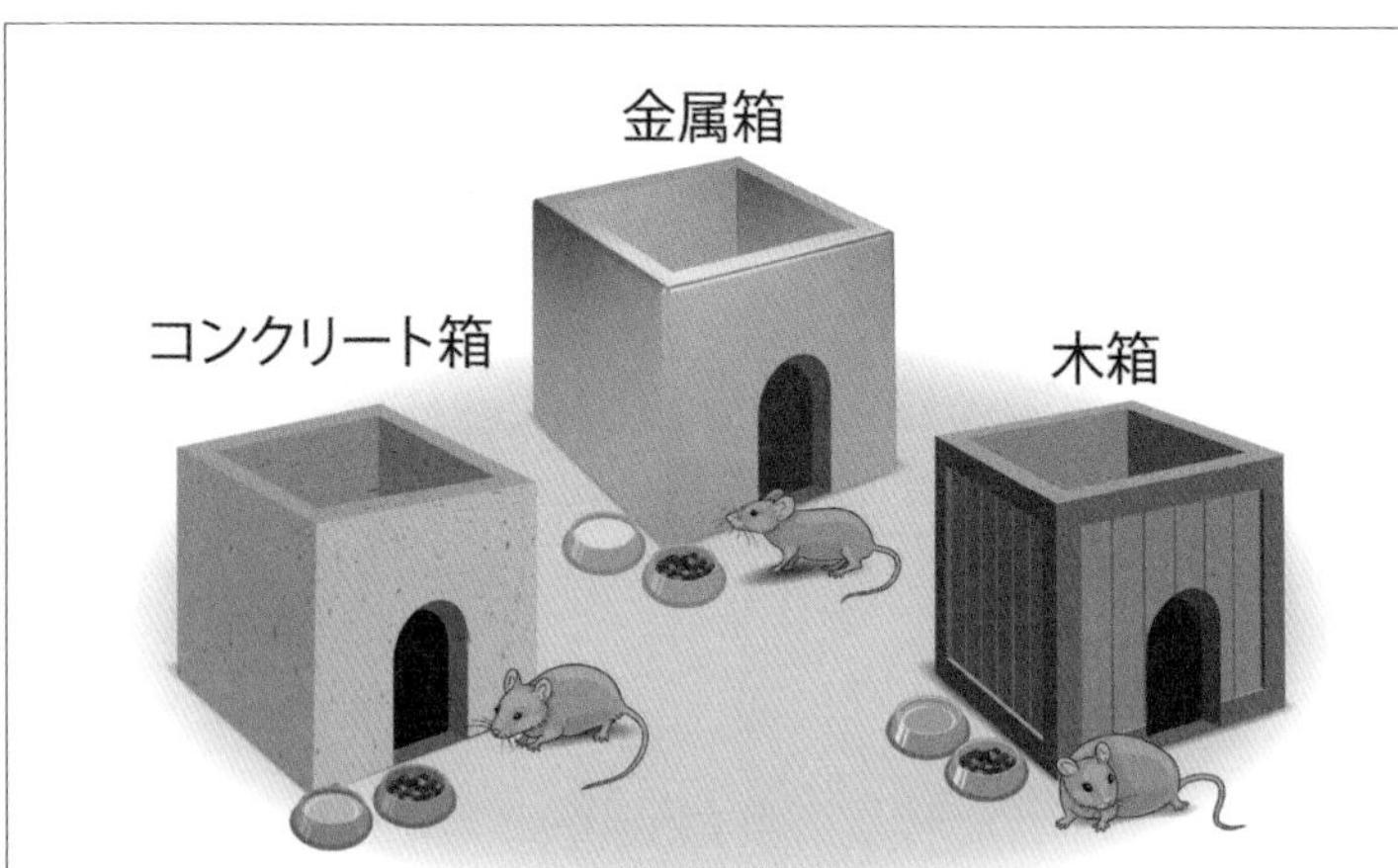

木の箱に入れたマウスは生き残る

ぐ死にます。木の箱のマウスはずっと生き残ります。

これはマウスの体温をコンクリート・鉄が吸収するためと言われており、スウェーデンの学者の説では、**コンクリートの住宅に住む人は木の家に住む人に比べて、7年寿命が短い**と言われています。

鉄のフレームを作ったプレハブ会社がありますが、鉄は再生できますが、あまり国内で再生されていません。新しい鉄を得るため、鉱業が必要です。

鉄鉱石を鉄にするためには膨大なエネルギーを使います。統計によれば全産業の使うエネルギーの10%が「鉱業」と言われています。鉄、コンクリートは適切な場所以外は、特に住宅には使ってはいけない素材なのです。皆様、**木の住宅・家具を使うべきだと思います。**

02

有害物質減のために「木の家」を

AIを使った自動走行ロボットによる住宅作り

私は二年前に、フランスのナント市に、新潟市の姉妹都市ということで、新潟市長と訪問しました。ナント大学でAIを使った自動走行ロボットによる住宅作りが行われ、そのモデルハウスと製造工程を見せてもらいました。

走行するロボットの腕から固めの発泡剤が二層に出て、別の腕から特殊なコンクリートを、二重になった発泡剤の型枠の中に入れて、建物・壁ができるのです。屋根はまだ大工が作っていました。曲面円形の形が出来、最近各国で研究されていますが、実用化は20年ほど先だということです。何よりこれはCO_2の削減どころではなく、このAIロボットの省エネルギー化は良いのですが、素材の面で考えさせられました。やはり木材を使った住宅を作らなければと思いました。

また、プラスチック、ビニールは非常に優れた物質です。これを使わず人間の文明はありえません。しかしこれを「害なく使う技術」がなければ、人は化学物質により人間の生態は犯され病気が多発することでしょう。

地球汚染により人類の文明はいつか消えることでしょう。

私達の用意した「**ブローボックス**」は、当初は温度湿度均一と言う観点からスタートしましたが、このコロナウイルス禍を経て、住宅の化学物質をいかに減らすかという点で、今一番大切な課題を解決するシステムだと思っています。

なんでも化学物質が悪いということではありませんが、私は日本の国が総力で、この「**ブローボックス**」のように化学物質を出す有害物質を無くする対策を立てるべきだと思っています。

例えば集成材の化学物質は、ほとんど人体には影響はないと言われていますが、やはり少しの化学物質があります。しかしこの化学物質の害をなくせば、無垢材の柱に対して集成材の木材は強度が1・35倍位高くなります。しかも、国産材の曲がった材木を寸断して引用できるのです。この化学物質が出す有害物質をなくせば、これはすばらしいことだと思います。

無垢の木の上に寝転んで自然を感じると言うCM（コマーシャル）を、大手住宅会社が宣伝していいます。無垢材でも、化学物質が少しはあるのです。そこに寝転ぶより**化学物質が全くない物質の上に寝転んだ方が健康的**なのです。「**ブローボックス**」はこのような家なのです。

VOC（揮発性有機化合物）について少し説明します。建物の中には化学物質がたくさん使われていて、これがシックハウス症候群を起こすという報告があります。しかし問題はもっと大きく、癌の発生も増加しているという報告もあります。

03

「ブローボックス」の作る世界

私はここまで私の会社の試みと失敗を書いてきましたが、それはアメリカや欧米の住宅に負けない住宅を日本に作りたい且つ、住宅価値度の中で誰もがローンで買える住宅、そして省エネルギー省コストでありながら、健康を促進させるような住宅を作りたかったからです。そして様々な失敗の上に「**ブローボックス**」の開発がありました。更に、「**ブローボックス**」はその通過点であり、これからも「**ブローボックス**」の試みを通して新しい構想が生まれていくと思っています。

そしてここからは「**ブローボックス**」の現在の課題と未来に向けた日本住宅のあり方などを述べたいと思います。

現在の「**ブローボックス**」は、空気の流れについて新潟工科大学の富永先生とその研究者による実験結果を基に、流体の研究そして最適な空気の流れを作る換気扇のファンの改良、各室のエアパスの防護、軸流ファンの改善の3点で更なる二次特許の申請を行いました。

さて、これから少し人間の生態と仕組みなどにも触れてみたいと思います。VOC（揮発性有機化合物）がなぜ体に害をもたらすかと言う事についても、もう少し詳しく述べてみましょう。

人間の体には37兆位の細胞があると言われています。そしてその細胞は、11か月で新しい細胞に生まれ変わると言われています。つまり人間はある意味では生後11か月とも言えるのです。細胞が変われば人間の本体は変わるのか？　変わりません。それは細胞の中の遺伝子が同じ細胞を作らせるからです。細胞が変わって人間が11か月後に別人になれば大変なことになるでしょう。私、石川幸夫は11か月後に多少老化しますが、やはり同じ顔の同じ性格の同じ肉体の石川幸夫なのです。この遺伝子は人間の設計図でしょう。しかし、これを実際に管理し、肉体に命令させるものは実はホルモンなのです。人間のホルモンは100種類以上あると言われていますが、ホルモンが遺伝子の働きの設計図を、細胞に届けて同じように作らせます。体中をホルモンが流れ、このホルモンが受容体に入り同じような生体を作っているのです。

有名なものは、男性ホルモン（テストストロン）、女性ホルモン（エストロゲン）、甲状腺ホルモン等です。これ等のホルモンの働きがないと人間は一瞬とも生きられません。

ところが、このホルモンを受けて、その指示通り働く受容体が多少いい加減で、ホルモンに似たものを間違えて受け取ってしまいます。環境ホルモンはホルモンではありません。化学性内分泌撹乱物質が受容体に入り込んで、人の体に誤作動を起こし、病気や癌などを引き起こすと言われています。

TVで放映されておりましたが、ある大学でチョウザメの研究をしています。チョウザメのメスの卵巣をほぐし塩漬けしたものが、あの有名な「キャビア」です。そして実験しているのはオスのチョウザメの体に、女性ホルモンに似た物質を科学的に作り注入すると、オスがメスになり「キャビア」が2倍取れると言う、荒唐無稽なものです。結果オスがメスになり腹を切り裂くとオスに卵巣ができ、キャビアが取れるのです。現実にこれは成功しています。

問題は、なぜそのようなことを思いついたかということです。実は化学物質工場の排水の下流では、タニシのペニス（オスの生殖器）がなくなっているといいます。化学物質の中にオスをメスにする女性ホルモンと同じ働きをするものがあるのではないかと推論し、これは実証されました。そこでチョウザメの研究を始めたといいます。化学物質が体の中に入るとホルモンと同じような働きをし、さらに人体に悪性の生態変化を起こすことがあるからです。

デザイナーベビー（遺伝子を操作して理想の子供を作ること）と同じように、これは生命の冒涜ではないでしょうか。皆様はどう考えるでしょうか。

ただ建物の中は化学物質だらけです。そしてそれがホルモンと同じように人体に影響する、これが**ＶＯＣ**（**揮発性有機化合物**）、**環境ホルモン**なのです。これを消す方法は、簡単な空気清浄機などで効果はなく、「**ブローボックス**」以外、世界中にないと思います。「**ブローボックス**」は、世界の住宅を変えるほどの発明です。私はこの発明を誇りに思い、いつか世界中の住宅がこのような方法で**化学物質滅失の家になる**と信じています。

また温度はもとより湿度も人体に影響する大事な健康のファクターです。結露問題、カビの問題、人体の発汗の問題、更に40％以下の湿度でウィルスの飛散が急速に増えることなど、

リフォームにも対応した「ブローボックス」システム

これを解決しなければ建物内の健康な空気を作ることができません。

カビの発生はダニの発生を生み、ダニの死骸やフン等により、アレルギー性疾患になります。更に菌バクテリアや紫外線等、「ブローボックス」は全て有害物質を二酸化チタンと言う光触媒の働きで、空気中の水分子をＯＨラジカルという活性酸素にし、有害物質をCO_2とH_2Oにして無害化させるのです。

そして私たちは**この効果のエビデンスをしっかりと測定して一軒一軒の住宅で立証しました。**

「なんとなく効力を持つ」とか「実験場で効果があった」と言うのではなく、その建物一つ一つの中で確認できるのです。
「**ブローボックス**」、私達はこれを世界中に広めていきたいと思っています。
それが世界中の人達に健康を与えると固く信じています。

04 今すぐ日本の住宅が取り入れるべき ±6℃差の夢の遮熱材

さて、遮熱材と輻射熱対策を考えてみたいと思います。

最近ブローボックスの他に私達は、遮熱材を建物に使う実験に成功し、これから断熱材の使用と同時に建物全体で遮熱材を使用していきたいと思っています。これこそ日本の住宅が、早急に取り入れるべき材料です。

熱には「伝導」「対流」「輻射」の3種類が有り、この輻射熱が75%前後だと言われています。

①物を伝わって熱が移動する『伝導』は、コンロなどの調理器の様に、物質と物質が直接接触している事により物の中を伝わっていく現象。

②空気移動することで生じる『対流』は、冬に窓を開ければ冷たい風が入ってくる様に、空気の移動によって熱が移動する現象。また、暖かい空気は上に上がり、冷たい空気は下に下

がります。

③熱が直接放射される『輻射』は、熱を発するものは全て「輻射熱」を放出し、熱源となる現象。例えば太陽の熱は空気を通し、あらゆる方向へ伝わります。その熱は接触した物質の表面に、吸収されたり、跳ね返ったりします。

太陽から届く電磁波に依って熱が伝わることを「熱輻射」と言います。真夏の戸外で感じる、焼けつくような日差し、それこそが太陽から伝達された「輻射熱」です。そう、**熱輻射の正体は電磁波**です。

輻射熱対策は、今後、住宅建設に求められる課題です。熱輻射とは、物体から熱エネルギーが電磁波として放出される現象です。その太陽から出る電磁波が、地球上の物質にあたる事で熱を持ちます。全ての物質は振動運動を起こしていますので、低い温度であっても熱輻射は起きています。冬期、天気予報で「放射冷却によって冷え込みます…」というのもこの為です。

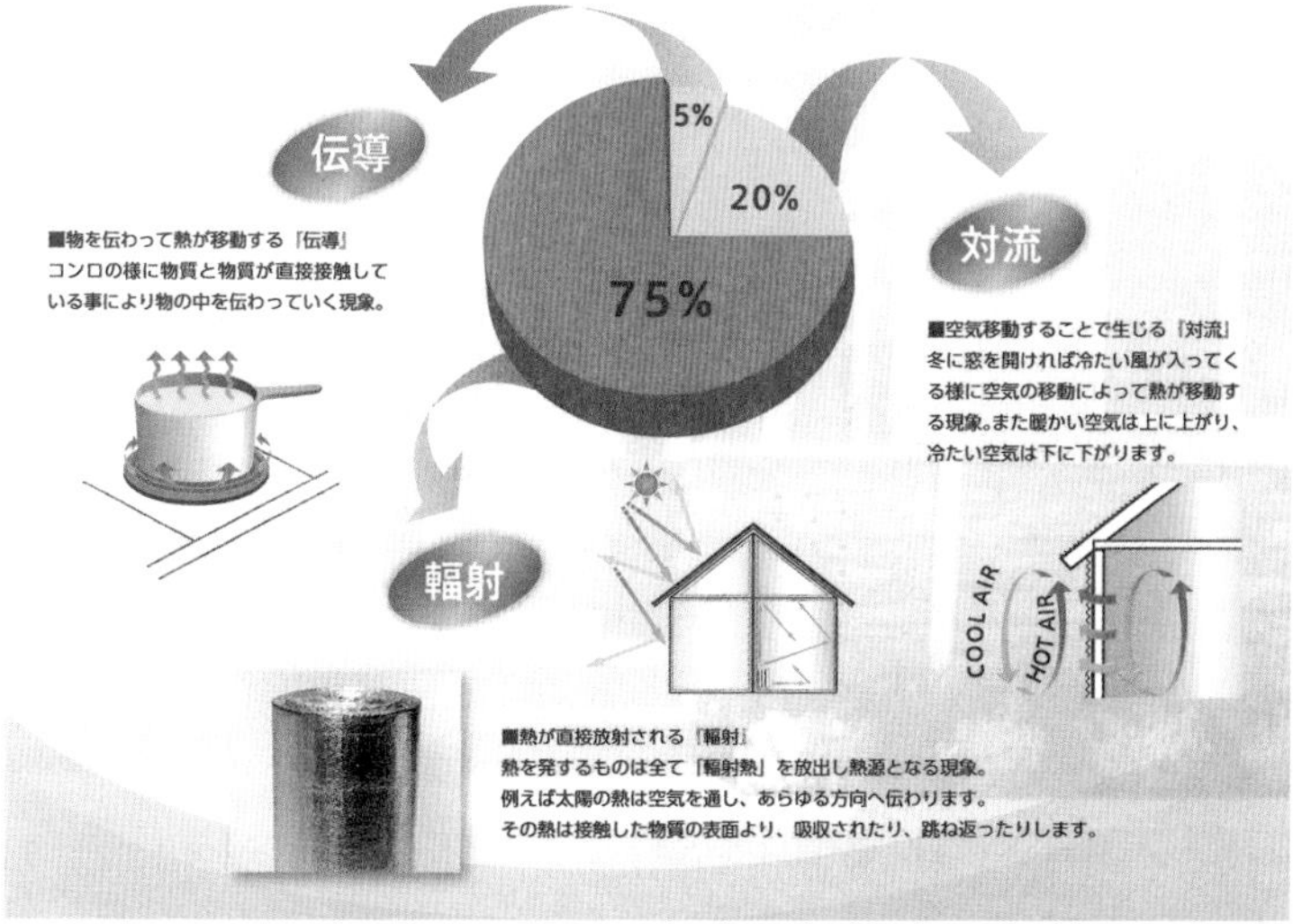
5%
20%
75%
伝導
■物を伝わって熱が移動する『伝導』
コンロの様に物質と物質が直接接触している事により物の中を伝わっていく現象。
対流
■空気移動することで生じる『対流』
冬に窓を開ければ冷たい風が入ってくる様に空気の移動によって熱が移動する現象。また暖かい空気は上に上がり、冷たい空気は下に下がります。
COOL AIR
HOT AIR
輻射
■熱が直接放射される『輻射』
熱を発するものは全て『輻射熱』を放出し熱源となる現象。
例えば太陽の熱は空気を通し、あらゆる方向へ伝わります。
その熱は接触した物質の表面より、吸収されたり、跳ね返ったりします。

断熱材の使用と同時に建物全体で遮熱材を使用

『太陽からの電磁波を止める…』地球から1億5，000万㎞も離れた場所にある太陽の熱エネルギーは、地球上の全生物の生命エネルギーの源であると共に、地表と大気を温める事で、雨や風などの気象現象を起こしています。それだけの莫大なエネルギーが地球に届くのも、太陽の中心が1，600万℃、表面は約5，500℃～6，000℃とも言うとてつもない熱を放っているのです。

太陽が出ると暖かく感じるのはこの輻射熱によるものとは言いましても、今ひとつピンときませんよね？

「5，500℃とか6，000℃も有れば地球も温まるだろう」と言うのは違います。太陽はそれほど近くありませんし、宇宙は裸ではいられないほど温度の低い空間です。実は太陽から感じる熱は、電磁波が地球に届き、地表にあたる事で発生している熱です。あくまで放出される電磁波が空間を伝わり何らかの「物質」に当たる事で熱が発生します。電磁波を対象に当てて温めるのが電子レンジです。オーブンは直接の熱で温めるので「熱伝導」です。**電子レンジは輻射熱、オーブンは熱伝導、**そう覚えると仕組みが分かりやすいかもしれません。

真夏この太陽が発する電磁波が地球上に届き、建物（物）に当たり熱を持ちます。

冷房しても室内が冷えないのは、外部からの熱輻射で家が熱くなるからで、まるで電子レンジの中に家が有るような状態に起因しています。

私たちは、建物が輻射熱で熱くなったり、冷たくなったりしないよう「輻射熱対策」を講じています。

遮熱材を使用し、外部からの熱輻射を止め、真夏は冷房がよく効き、又、真冬は家中の熱が遮熱材で反射して建物内を暖めます。更には長時間に亘り、暖房熱が持続します。

夏期は、屋根や壁と言った外皮を輻射熱から守り、構造体や断熱材の温度上昇を軽減します。

冬期は、放射冷却に依る外部の冷気を反射し、室内の暖房熱損失を軽減します。

電磁波を止めてくれる効果的な素材が金属で、特にアルミは電磁波の反射率が高いのです。

当社では、純度の高いアルミ遮熱材を使用しています。アルミの純度が高いことに比例して、反射率も高くなります。しかも、空気の対流で熱伝導する事を防止するため、8㎜（4㎜＋4㎜）静止空気層を持つエアーキャップに、**アルミをシート張りした複合遮熱材を採用**しています。

この遮熱材を使用すると、輻射熱を防止し、構造躯体の温度が下がります。すると、壁内結露の防止にも繋がります。

この遮熱材を実験棟二棟に、遮熱材を使った建物と使わない建物で比べると、夏は使った方が使わないものより6℃室温が低く、冬は7℃高くなります。

省エネルギー住宅は断熱材だけでは不充分で、遮熱により冷暖房のランニングコストは大幅に下がるのです。

現在イシカワの建物は全てこれを使用しております。

イシカワの実験棟

第五章

未来の住宅と住宅産業はどう変わるか

01

財産としての住宅

経済全般から見れば、日本の場合、**人口減少と少子化が住宅問題の根本**であると思います。

現在の日本の住宅棟数は、総世帯数は、5，300万世帯、空き家850万戸、合計6，150万戸になります。全住宅の13・8%、7戸に1戸は空き家です。更に、野村総合研究所の試算によれば、10年後の2033年には、総住宅数7，126万戸のうち、2，167万戸が空き家になり、3戸に1戸が空き家になるといいます。

政府は、住宅産業を国内の主要産業とし、これが伸びれば、資材、運搬、電気、水道、家電、家具等の需要が伸び、景気の刺激となり景気浮揚の第一策と考えて、住宅ローンの金利緩和、税控除等で、新築住宅建設を促す政策を取ってきました。しかし、新築住宅建設による景気浮揚策はこれからは使えないと思います。少子化、景気、輸入等を考えると、10年後の新築住宅棟数は、現在の80万戸から40万戸に落ちると思われます。簡単に言うと、住宅を作りすぎたのです。第一、住宅産業が主要産業と言っているのは、先進国では日本くらいのものです。

これからは、**住宅リフォーム、中古住宅の販売が住宅産業の中心になる**でしょう。

私は、自分の属している住宅産業を、悲観的に予測することについて大変残念でありますが、これは予測というより、必ず起こりうる必然であると思います。

日本は住宅を作りすぎ、更に粗末で耐用年数の少ない素材を使って、短命住宅を作り、短期間でこれを壊し新築戸数を増やし、日本全体の景気を支えてきたと言われても仕方がないような気がします。

これからの住宅流通は、アメリカと同じように10戸の住宅販売のうち、8戸が中古住宅で2戸が新築といえる時代が、10年後には現実になるのかもしれません。それ故にこれからは、建物はもっと堅牢で、リフォームしやすい材料を使い、そしてデザイン的にも長く愛される長命住宅をつくり、更なる中古住宅市場の質を高め、社会の中古住宅が住宅流通の本命という認識の上で、金融機関も、質の良い中古住宅の財産評価を高くしなければいけません。

住宅こそ「REAL ESTATE」（本物の財産）という国民認識を、行政機関と共に作らなければならないと思います。

02 長く住める家を作る

結局、欧米の現在の住宅流通を踏襲することになるのです。その意味でも日本の住宅建築は、欧米より50年以上遅れているのです。

二代、三代住める家を作る。そしてそれに対する資材、工法、デザインが求められることにより長命住宅が出来ます。国民一人当たりの生涯収入に対する住宅費は、半分になり、1／3になり、その分の費用を生活の質（QOL）の向上に使うことが出来ると思います。

新築住宅が今の1／3になると考えると、住宅に関する資源は1／3で済み、流通も1／3になり、確かに雇用の問題が起こり、又、資材会社の売上げは1／3になり、失業者が増えることになると思います。それ等で発生する余剰人員を、どうリスキリング（再技術教育）をして、社会を安定させるか、これは大きな課題です。結局これから伸びる産業といえば、やはり「AI」になるのでしょうか。或いは逆にグローバリゼーションが機能しづらくなる中で、食糧自給率を上げるということで、農業と第一次産業が伸びて雇用が増えるのかもしれません。

自動車業界自体を考えても、現在ガソリン車から電気自動車に急速に需要が変わると、トヨタ自動車のような労働者250万人抱える、ガソリンエンジン車の生産工場で、人はどうなるのでしょうか。考えると日本中に大変な悲劇が起こるような気がします。

反面、資源が1/3しか必要なくなれば、CO_2の発生も1/3になることでしょう。しかし資材生産会社は、売上げ1/3になります。輸送会社も1/3の規模になることでしょう。ある意味では、少資源、少資材、少流通というバランスの取れるまで、大変な不景気が来ます。そして、それが更に消費経済を圧縮し、デフレのスパイラルを起こし、不景気のインフレ、スタグフレーションが起きることでしょう。しかし、現在の地球温暖化対策、CO_2削減は、全産業でそのようなことが起きることによって、初めて実現するのではないでしょうか。

資本主義は欲望の経済です。もっと大きく、もっと遠くへ、もっとどんどん売り、もっと利益を上げるような宿命を内包している限り、限りある地球の資源、環境は、人間の行動が破綻するか、地球が壊れるまで突き進むのかもしれません。

しかし私は、人類の叡智と善良さを信じており、どこかで平衡な状態になり、そして調和することを信じています。

住宅以外の産業もそうです。日本で衣類は年間50億着販売されているといいますが、その52%が売れずに焼却されるのです。食料品は、日本で1,800万t販売されていますが、その内612万tが捨てられています。世界中の飢餓に苦しむ人の食糧支援が420万tなのです。日本の食品ロスが80%消えると世界を救えるのです。

考え方を大きく変えるべきです。現在の住宅を長命住宅にしてもっとそれを利用し、住宅は今の3倍の時間住めば良いのです。又、何より日本の医療費は、年間40兆円です。世界の医療関係の学会では、医療で病気を治せるのは10%で、90%はしなくても良いか、してはいけない治療、薬だといいます。病気を治すことより、病気にならない体作り、健康を考えるべきです。これで医療費を大きく削減し、国家予算に使うことが出来ます。

資本主義は、それなりに優れた人間の生産システムですが、**我々もここで限りある資源に対して、資本主義の持つ、際限のない欲望の世界観を捨てる必要がある**と思います。

私は正直、住宅産業の事しかわかりませんし、それ以外の方面の対策を考えることは出来ませんが、この辺で全産業の「考え方」の軌道修正をしないと、人類は滅びるかもしれません。

03

生き残る住宅産業とは

さて、話を住宅産業に戻しましょう。

10年後には半分になる住宅着工棟数、更に増える中古住宅流通、環境破壊防止、CO_2削減、又、後進国の安い資源、資材を求めコストダウン化を進める中、更に非人道的な低賃金で、発展途上国の犠牲を広げる私達の業界は、**これからは本当に良い住宅を作り、長持ちさせる ― 長命住宅 ― これが可能になるような資材を使い、リフォームをし、この価値を社会と共有することが大切**であると思います。

年間棟数80万戸が40万戸になるということで、半分の建築会社、そして社員が消えるはずです。その中でどう生き延びるか、そこには**適者生存**という「進化の原理」が適用されるはずです。新しい時代に適応した会社が残ると思います。そして「顧客が欲しいと思う良質な商品とリフォームを含めたサービス」を持つ会社が生存できるのです。私達イシカワでは、「**良**

質住宅」のブランドを20年ほど前に立ち上げ、その方向に進んでいる最中です。総体的には先に申し上げてきたような方向になりますが、これからもそれを進化させる必要があります。

さて、最近起こったトルコ地震では、死者は5万人以上といわれています。

地震国日本は、4つの固い岩盤プレート（太平洋プレート、北米プレート、フィリピン海プレート、ユーラシアプレート）の上にあり、陸地が海底に引き込まれる為、岩盤の境目で地震が起きるのです。日本中どこに地震が起きても不思議はない地盤上の環境にあります。

前に耐震等級性能1、2、3の違いを説明しましたが、まだ日本の住宅建築では、耐震等級2くらいあれば大丈夫という住宅を作っている会社が多いのです。一番高い等級3を用いても、場合によっては、地震の破壊から逃れられない可能性がある中、耐震性は等級3でなければ住宅とは言えないと考えます。構造計算が大変で、仕様、資材が多くなっても、**耐震等級3以上の家を作るべき**です。「耐震等級2で多分大丈夫で、コストの関係で耐震等級3は必要ない」という会社は「良心と誇り」のない会社だと思います。まず、災害に強い家をどう作るかということを、これからもっと考えるべきです。

04

省エネルギー住宅とは

次にエネルギー問題について考えると、まず全館冷暖房はこれからの住宅の常識になります。そして私共の言う住宅は、「空気を入れた箱」で、その空気を清浄、健康にすることは、これからの住宅の基本になると思います。

そこで当然、建物の高断熱が問題になると思います。最近になって行政では、高断熱性について、現在の等級5より更に高い等級7の決定を考えていますが、耐震性能とは違い、直接人命にかかわることはないという点から、壁厚を、日本の現在の12㎝から30㎝にし、**U_A値＝0.2w／㎡・k、C値＝0.2㎤／㎥**にするという法については、現在の日本の資材、そして建築コストを考えると、住宅のイニシャルコスト（初期費用）とランニングコスト（運営費用）のバランスから現実的でなく、当社は**U_A値＝0.6w／㎡・k、C値＝1.0㎤／㎥**でとどめるべきだと思っています。

何より当社は、一般のサラリーマンの買える住宅を作るという意味から、いくら高性能でも消費者の得にならぬ住宅はあり得ないと考えています。趣味として、お寺のような豪華な和風住宅とか、趣味として、極限の断熱状態を追求するというマニアックな消費者は、そういうところで建築し自己満足すれば良いと思います。

「トータルで損になることはしない」

これは一つの開発のポリシーであると思います。

さて、皆様は、省エネルギー住宅についてよく聞いていると思いますが、ここで省エネルギー住宅を少し説明させていただきたいと思います。

最近は、温暖化や異常気象対策として、エネルギー資源を出来るだけ使わず、地球のCO_2を減らす、更に電気代、燃料費がからない快適な住宅を目指して、省エネルギー住宅の方向に国をあげて進んでいます。

待ったなしの環境問題、そして電気代、燃料費の家庭への負担を少なくするために、これから家を作る際は、建築会社が建築主（お客様）に、建てようとしている家が、国の省エネルギー基準に適合しているか説明する「**省エネルギー説明義務制度**」が発足しました。

これはお客様に、省エネルギー住宅が世界的に必要であり、その省エネルギー効果を説明、御理解して頂く制度です。

住宅の省エネルギー基準には、屋根や外壁等の断熱性に関する「**外皮基準**」と住宅内の消費エネルギー量に関する「**一次エネルギー消費量基準**」の2つがあります。

図のように建物から熱は逃げますが、高断熱、高気密住宅はそれが少ないのです。

更に、一次エネルギーを抑える工夫、エコ

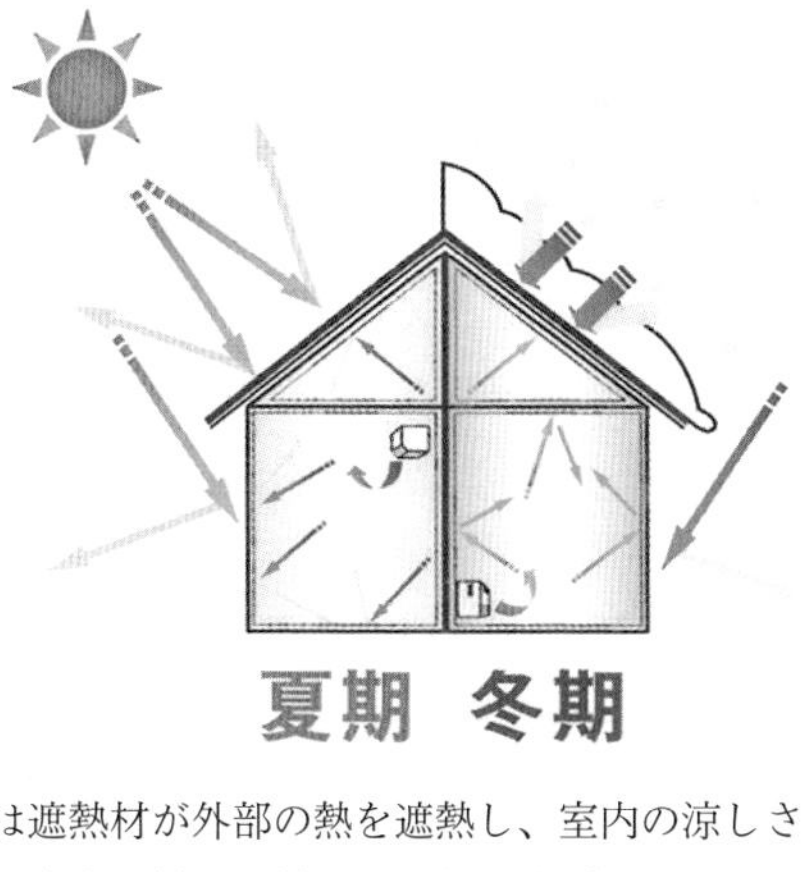

夏期は遮熱材が外部の熱を遮熱し、室内の涼しさを守る。
冬季は室内の熱を遮熱し、外部に逃げるのを防ぐ。
※熱は高い方から低い方へ動くため

キュートのような高効率の給湯器、高効率の冷暖房機、省エネ性能の高いLED照明、熱交換型換気等を使うことを推奨しています。そして太陽光のエネルギーを使って電気を作る、太陽光発電等があります。

年間の光熱費の比較をしますと、平成4年（1992年）基準の住宅では、年間283，325円／年ですが、平成28年（2016年）基準では、222，317円／年、最近の高度省エネルギー住宅ZEH基準相当では、170，000円／年と、平成4年の約半額の年間光熱費になります。ちなみに我が社では、お客様の特別な要望がある建物以外は、全てZEH仕様です。耐震等級3、そしてZEHは、もはや現代の住宅を作る時の必要条件で、これに相当しない家は、地球環境、そしてエネルギー効率の問題があり、作ってはいけない住宅であると考えています。

又、省エネルギー住宅は、部屋の温度差が少なく、人に快適で、ヒートショックのリスクも大きく軽減されます。又、結露が少ない為、カビ、ダニの発生が少なくなり、ハウスダストアレルギーが起こりにくくなります。

確かに最初の建築費は、一般的な面積の建物で、日本の住宅の平均価格は新築時に坪当り87万円程かかると言われます。総工事代金で、30坪で2，610万円になります。これを行わず、後でリフォームして、ZEHの家を作ると231万円程かかると統計的に言われています。

先ほどの光熱費の計算からすれば、35年間（平均ローン返済年）の間に（283,325円−170,000円）×35年＝113,325円×35年＝3,966,375円の光熱費が節約出来るのです。

今や、**耐震等級3、そしてZEHの住宅の時代**です。

年間の光熱費比較

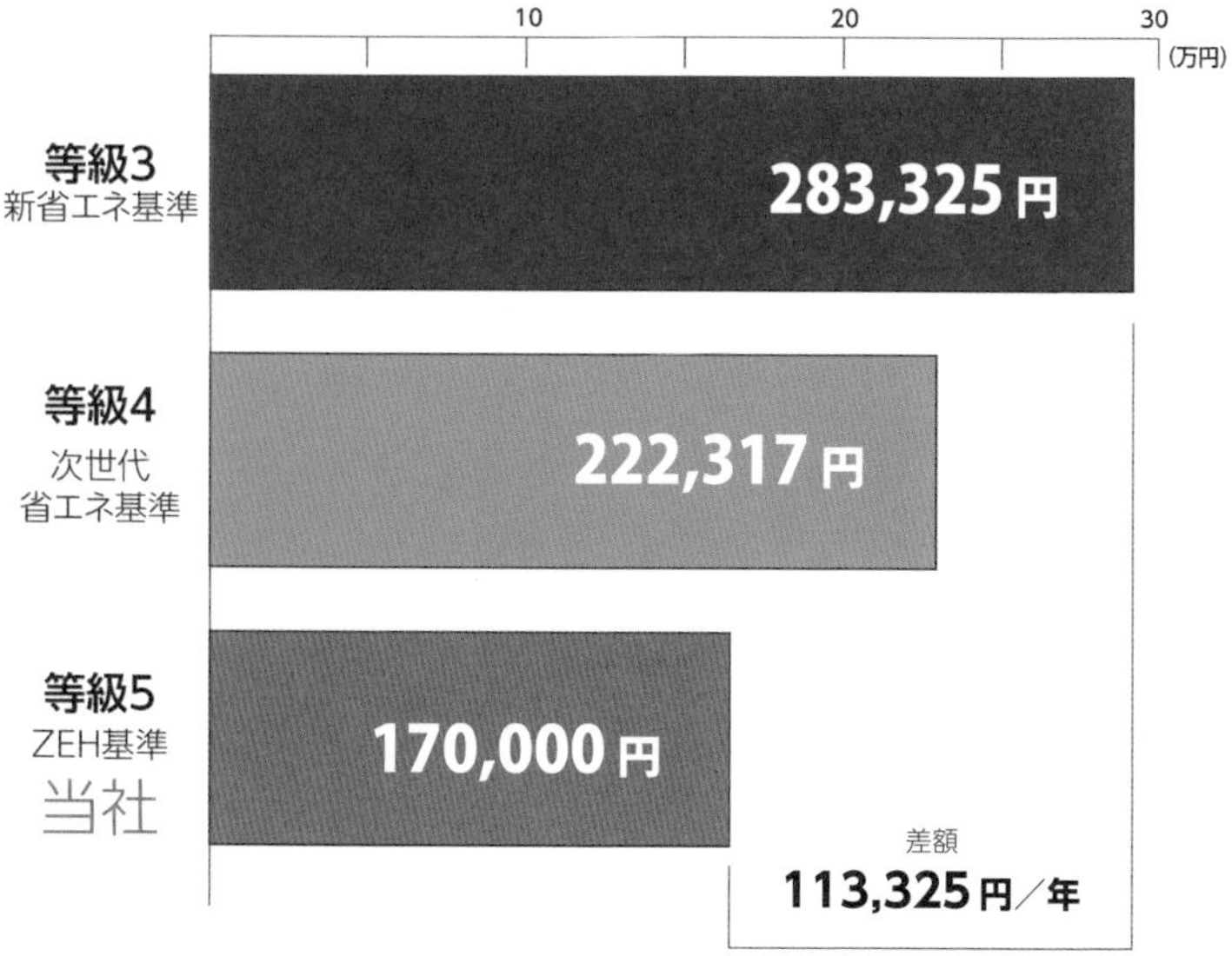
10
20
30
(万円)
等級3
新省エネ基準
283,325 円
等級4
次世代
省エネ基準
222,317 円
等級5
ZEH基準
当社
170,000 円
差額
113,325 円／年

新省エネ基準 283,325円 − ZEH基準 170,000円 ＝ 差額 113,325円

住宅ローン返済の35年間で計算すると・・・。

113,325円×35年＝3,966,375円

新潟市基準の場合　※当社 30 坪（100㎡）2 階建の家

05

太陽光発電のすすめ

さて、ここで**太陽光発電**について説明したいと思います。

当社ZEH、そして「**ブローボックス**」の住宅の場合、４Kwの太陽光発電の設置費用は、約１００万円です。そしてここから発電する電気が、年間４，０００kwとすると、当社30坪（１００m^2）２階建の家で、オール電化、全館冷暖房にした場合、ＺＥＨの家（U_A値＝０・６ｗ／m^2・ｋ、Ｃ値＝１・０cm^3／m^3）で計算しますと、自家消費量が１，２００ｋｗ×40円＝４８，０００円／年、売電収入２，８００ｋｗ×16円＝４４，８００円／年、計９２，８００円／年の電力が発生します。

つまり、電気代が年間にしてZEH性能基準相当のオール電化住宅の場合、１７０，０００円／年とすると、一年では使用電力は１７０，０００円－９２，８００円＝７７，２００円／年となります。又、35年で７７，２００円×35年＝２，７０２，０００円お得になります。

※一年の使用電力159，382円はP171の〈最近の高度省エネルギー住宅ZEH基準相当では、159，382円／年〉から引用しています。※太陽光の設備投資は10年で償却しますが、当社では4kwの発電パネルが標準仕様になっていますので、発電の104，800円は35年間お得になります。

家を作る時、建築費も大切ですが、長期的に考えると、電気代が2，702，000円安い住宅を作ることは、ある意味で2，702，000円安く住宅を買ったと同じ事になると思います。大変お得なのです。

是非、皆様に、**契約時に太陽光発電を設置することをお薦め**します。

又、昼間の電気を、蓄電池を使い夜間に使うことは大変効果的ですが、現在、蓄電池は大変高額で、これをつけても逆にコストが多くかかり、今はお得とは言えません。

蓄電池は、液晶テレビの価格が下がったように、これからどんどん下がっていきますので、現在の蓄電池の価格の1／2位になった時、安く**蓄電池を設置することをお薦め**致します。それまで待った方がお得です。

06

画期的な発明・ペロブスカイト太陽電池の実用化

最近日本で新しい技術が誕生しました。**ペロブスカイト太陽電池**です。

桐蔭横浜大学の宮坂力教授が、2009年に発明したもので、ノーベル賞候補になっているものです。これは、現在のシリコン系の固い太陽光パネルからレアアースを使わない合成可能な素材で作られ、製造コストが現在のものの1／5以下になると言われています。発電能力も2倍になり、更に薄く曲面に使用出来、同時に「吹付」で直接、壁、建物にも使用することが出来ると言われています。鉛を使うため、周辺環境への懸念があるのと、耐久性、大型化に問題がありますが、この実用化に向けて真っ先に中国が取り組み、2025年に販売するというのです。日本は完全に遅れているのです。

壁に、窓に吹き付けられると、発電面積は現在の4倍になります。更に発電能力が2倍になれば、現在のシリコンパネルの8倍の効率が上がります。

国内全電力需要の15％は住宅ですが、この住宅に8倍程度の発電面を持たせれば、数式の上では、日本の電力の全てを、建物の太陽光発電で賄えるといいます。

発電所は必要なくなるという未来構想もあります。原発も必要なくなるのです。更に車が全て電気自動車になると、現在の試算で300基の原発が必要といわれていますが、これ等も全て太陽光発電で賄えるようになるのかもしれません。

現在、再生可能エネルギーでほぼ100％賄っている国があります。それはウルグアイです。国の面積は日本の約1／2、人口は約340万人の小さな国です。

ここが出来て、日本が出来ないわけはありません。

石油、天然ガス、ウラン等が必要なくなります。そして世界的に、エネルギーを中心とした経済の力のバランスが完全に崩れることでしょう。そしてこれは、安全保障（戦争）にも影響して、現在の勢力分布が変わり世界は変わるでしょう。

地球のエネルギーはどこから来ているのか。石油にしろ、石炭にしろ、水力に風力、地熱、太陽光等全てが、太陽のエネルギーが源になっているので、最終的には、太陽のエネルギーをどう使うかが、エネルギー問題を解決するでしょう。

07

暖房コストを考える

ここで空調に関して考察します。

全館冷暖房が標準となる中で、一つは高断熱化の問題になりますが、これは、最近では日本でも認知されましたが、一番の問題点は、日本人が熱に対して知識のないことです。

私達は子供の頃、よく「要らない電気は消しなさい」と親に言われてきました。

ですから要らない部屋の電気は消しますが、冷暖房に関しては、この常識が違います。建物は、暖まるのに4~5時間かかり、暖まるまでの初期暖房のエネルギーが多くかかります。いったん暖房を落とすと、冷えた建物を暖めるには、また大きなエネルギーがかかるのです。そして暖かくならないうちにまた暖房を切るなど、朝、暖房を付けて、家を出る頃消すような場合は結局、家中快適な温度は実現出来ません。又部屋を閉め切って局所暖房をして、健康に良い住宅は生まれません。

東北電力の実験では、一日12時間以上暖房を使う家の場合、切ったり点けたりする場合と、ずっと点けっぱなしにしておいた場合、**電力は殆ど同じ**という結果が出ています。世界の常識もそうなるのですが、日本人は、もったいないという信念から抜けられず、当社の社員でも、人がいない時は電気、暖房を切る生活をしている者が圧倒的に多いのです。ここがなかなか特に主婦の皆様から、経済的観念上理解してもらえません。

しかし、太陽光発電で30％の電気を、昼間40円／kwを買って使い、残り70％を16円で売ることを考えると、**一日中点けっぱなし**の方が、昼、建物が暖まり、夜の電気代が安くなるということで、結局、**電気代が安くなる**は

当社実験棟で計測した事例では、半日以上停止する場合を除き、連続運転の消費電力量は間欠運転とほぼ同等で、夜間就寝時のみ停止する条件では連続運転の方が省エネという結果に。
今後は使用条件などを変更し多方面の角度から測定を進めていきます。

電気代の比較概念図　電気代28,500円/月の家庭の場合の概略図で、条件により異なります。

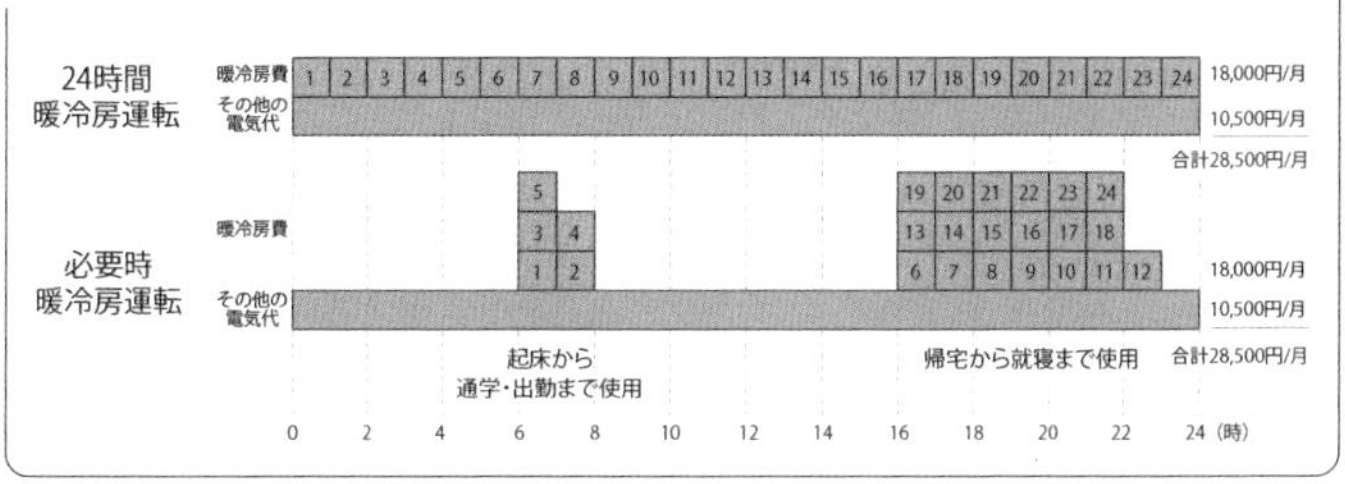

冷暖房における電気代の比較

ずです。

太陽光発電は、冷暖房の発想の転換になると思っています。

住宅は、これからもいろいろな発明があり、又、私達の会社も工夫する点が多いと思います。

08 森林産業の重要性

さて、話が前後しますが、日本の森林産業と住宅産業、そしてそこにつながる全産業と環境問題、SDGs、持続可能な地球環境についてふれてみたいと思います。

日本の林野庁は、日本の森林産業について、これを保護育成、そして産業につなげる努力を最近怠っています。営林署もなくなったのは、その表れであると思います。

日本は森林の国です。北欧も森林の国と言われていますが、日本は国土の狭いところに多種多様な樹木、植物があり、世界に類を見ない森林国家です。

この資源を本来は利用しながら、日本の建築は発展してきました。世界最古の木造建築物である法隆寺や東大寺、南大門等、木の文化の国であったのですが、最近は安い外材に押されて、山林業の経営が行き詰まり、一言でいうと山は荒れ放題です。林業は投資回収期間の長い事業です。一本の木が柱になるまで30年かかります。その間まっすぐな柱を作るために、木を間引きし、日光をあたらせるようにし、枝を落とし、下草を管理して大変手間がかかるのです。更に日本の場合、山が急斜面で道路も細く、材木の切り出し運搬にも大変な手間がかかります。製材においても木材乾燥に使う電気代はカナダの4倍です。更にどう考えても林業面積の広い外材に太刀打ちは出来ないのです。そして日本は、資源のない輸出国家で、資源を買って商品を作り、それを外国に買ってもらって成立する貿易国家です。

日本の政府が、何かを売るためには、世界の取引で何かを買わなければなりません。結局何を買うか、「木材」ならば日本の衰退産業だから、これを買おうというバーター取引に使われているのが木材の現状です。これは短慮の決定で、それにより日本の林業はますます成り立たなくなってしまいました。先ほど言いましたように、よく日本の木はいっぱいある、あれを使えば森林産業は成り立つといいますが、日本の木材は割高な上、手入れを30年前に止めましたので現在曲がった木がほとんどで、「柱」とはなりません。（集成材には使えますが）

森林産業が停滞すると、山は荒れ放題になります。杉の木は1本で2tの水の保水能力があると言われています。山が荒れると洪水が起き、山崩れが起き、環境を破壊していくのです。川は氾濫し災害が起きます。生態系も変わります。

治水が出来なければ、農業は必ず破綻し、そして、日本の米もこれと同じ運命をたどります。美しい日本が、自然、そして産業も含めて滅んでいくのです。政府は、どうも長期ビジョンに欠けています。というより、これは国民の認識であり、そのような国家を私達が政治に求めているのではないかと思います。私達にも充分な責任があるのです。国は国費で森林を守り、更に高度な森林産業に対する補助、支援対策をするべきです。

木はCO_2を光合成で吸収し、酸素を出し、光合成性能が止まる30年後に、30年間炭素を蓄積した木を使うので、住宅材、生活材の中でCO_2を固定します。そして木を切った場所に新しい木が植えられ、又、CO_2を吸収し酸素を出します。

森林は人間の体でいえば「肺」です。我々は「国の肺」を壊しているのです。ある人が外国の木を使っても、外国でそれによりCO_2が止められれば、世界規模では同じだと言っていますが、これは経済を知らない人です。今やCO_2はトレード対象になり、売り買いされて、CO_2削減を目指す時代です。自分の国で出来るCO_2削減をしないで、他の国のCO_2削減の成果を金で買うのです。そして、それにより生態系が崩れ、食糧不足を起こします。

日本の食糧自給率は38％（2022年度）です。世界の食糧が少なくなり不足する時、日本人は約60％の食糧を輸入出来なくなるでしょう。

09

豊かな国を作るために

今の日本のやっていることは、今だけ利益のあることに集中してしまい、将来の豊かな国を作る構想を欠いています。ペロブスカイト太陽電池のところで述べましたが、日本人がノーベル賞級の発明をしても、それを国が充分に支援出来ず、中国、欧米がその特許を使い、実用化を進める中で、日本は自国で発明したものを、他国に取り上げられているのです。日本政府の大学他、研究機関への支援は、先進国では世界一お粗末です。特許も学者も全て外国の高い研究投資の前に根こそぎ奪われているのです。日本はもっと先を見て、全ての基礎研究に、世界に負けない投資をしなければなりません。

少子化対策に金を使うより、研究費を出し、産業を興して国を豊かにし、国民を豊かにした上で、少子化の対策を考えるべきです。ただ人口が増えただけでは、景気は良くなりません。

日本は、今までの成功体験、成長体験から抜けられません。戦後、日本の国が豊かになったのは、人口が多かったからではなく、国民が、貧しい中で、豊かになるための勤労意欲の賜だったからだと思います。

森林産業を守ることを止めることは、後世において何十倍ものつけになって、国民の負担を増やすはずです。日本の森林を守り、日本の木を使い、日本の文化、経済を守ることは、今から始めても30年かかります。今からでも根気よく努力しなければならない問題でもあります。

10 ＡＩについて

住宅の未来について考える時、ＩＴがどのようにかかわるか、そして現在どこまで進化しているかについてご説明したいと思います。

一番進化したのは、**設計におけるＩＴ化**です。現在、設計はＣＡＤ（Computer Aided Design）が取り入られ、もはや私が一級建築士を取得した時代と違って、図面台に直接鉛筆で図面を作ることは、遠い昔のことになりました。今はパソコンに向かって、そこにマウスを使いながら図面を入力していくのです。更にデータが用意されており、又、過去の設計も記録されており、詳細図のアプリもあり省略化され、綺麗な図面が半日足らずで詳細図と共に出来上がるのです。

構造計算ソフトもあり、資材拾いと見積もりも自動積算出来ます。建物の資材の入力も、資材会社のソフトを使います。

更に平面図から**三次元立体図**も出来、昔なら専門デザイナーが着色していたパース（完成予想図）も出来、実物に近いものです。その内部を人が入るような形で、全て見ることが出来ます。建物の頭上から、回りからも角度を変えて見られ、更に、夜の建物のパース、雪が降っている時の建物の情景、太陽光の時間による変化、影まで再現出来ます。

これらはもはや常識で、最近のチャットGPTは、AIにより顧客の対応において、かなり専門的な個別のやり取りが出来、いわゆる電子頭脳を使い機械が人間のように、あらゆる情報を瞬時に集めて（30秒位で）対応してくれるのです。今は文章のやり取りですが、建物の相談は近いうちに音声、そして画像にな

3D バーチャル展示場

り、人が説明するように出来、24時間お客様の好きな時に全て住宅の情報と図面が手に入り、そこからお客様は業者を選択し、住宅を注文するようになるでしょう。

先日、アメリカのテスラ社の電気自動車に乗る機会がありました。価格は日本円で600万円位で、加速はポルシェ以上で、四つの車輪にそれぞれモーターが付いているので、四輪駆動車より雪道に強く、車の燃料費(電気代)は、ガソリン車のガソリン代の半分以下であり、航続距離は、一回の充電で580㎞、車内にはモニターが運転席にあるだけで、全てのデータがそこに表示されます。最近、中国メーカーのBYDが日本に販売店を作りました。価格は400万円台で、量産すれば価格はまだまだ下がると言われています。現在、テスラ社は100万円程価格を下げると言っていました。

日本の携帯電話は、電話機を携帯電話にする発想でしたが、欧米の携帯電話は、パソコンを携帯電話にする発想から作られたといいます。そして今、世界の携帯は欧米のものが使われています。

テスラの車を見た時、ガソリン車を電気自動車にしたものではなく、パソコンを電気自動車にしたような印象を感じました。車の中でパソコンに向かっているように、あらゆる仕事が出来るのです。もはや日本は陸上のトラック競技で、二周以上差をつけられたような思いがしました。

さて、友人に、どうやってこの車を買ったのか聞いたら、日本に支店があるものの、インターネットで買ったと言うのです。そして、それで大丈夫なのですかと聞くと、日本車よりアフターサービスが良いそうです。そのうちに家も、ＡＩを通じてインターネットで買う時代が来るかもしれません。

11

押し寄せるアジアの波

さて、設計の話になるのですが、実際の建物の実物感でCADの図面の完成予想図を作る作業は、現在二日ほどかかります。それにはかなりの現場の知識、デザイン力が必要です。そこに、ある会社が「パース」を請負うということで、当社に見本を持って現れました。大変安く出来て、建物の外観は水平360度、上からも、どの角度からも見られます。内観は、人が住宅に入り、歩く速度で部屋から部屋まで実物のように案内されて行くのです。建物の中には、家具、棚、生活用品、子供のおもちゃ、寝室のベッドはもちろん、毛布のしわまで再現されているのです。そして設計料、デザイン料は、価格的に、当社の社員の人件費と比べると、かなり下回るものでした。

問題は、これをどこで作っているのかというのですが、なんとベトナムで作っているというのです。ベトナムから留学した学生に大学卒業後、ソフトを開発させ、帰国したところで、会社をベトナムで作らせ発注をしているというのです。

日本では無理なのかと聞くと、**ベトナムの人件費は日本の1／5**で、コストの上で日本で勝負にならないというのです。当然さっきのAI、チャットGPTが音声と図形になれば、設計は外国ベトナムでということも考えられます。

今、住宅の部材は、驚く程国外の外注に頼っています。材木はカナダから、壁紙は中国、便器はベトナム、早い話、全て日本で作っているものはなく、日本の製品でも、その部材の大半が後進国からの輸入に頼っています。衣類に限らず、資材のコストダウンは、外国の安い労働力です。そして、劣悪な条件で、低賃金で働く外国人の存在があり、私達の文化生活は、経済植民地のような外注形態で成り立っています。エアコン等は、日本のメーカーは外側だけで、中身の部材は殆ど外国製なのです。

12

日本の強みを取り戻せ

二十年前に、日本そばの話で、「どの部分が日本で作られているのか」という話を、商社の人としたことがありました。日本そばのそば粉は南米から、海老天の海老はフィリピン、小麦粉はアメリカ、とうがらしは中南米、のりは韓国、調味料は外国、醤油は結局、日本の会社の外国工場で作られているという話でした。聞いていくと、日本製は「水」だけでした。

今、住宅資材は、それと同じようになっているのです。しかし、外国の発展途上国も、いつまでもそのような奴隷的搾取で満足はしません。日本から物品、生産、発注面において必死に技術を模倣し、やがて生産技術の上から、日本と同等のもの、それ以上のものを作り出し、更に日本の、定年退職者の技術者や研究者を雇い研究し、気が付いた時には、日本の車、電化製品、資材、器具、更に食品、生活用品を作り出し、日本の下請けから脱出し、今度は低価格で日本の経済に挑戦してくるのです。

中国などは、日本を追い越すことは出来ないはずで、日本の下請けとして、いつまでも安く働いてもらうなどと甘い考え方でいましたが、日本は「物づくり」を怠けた結果が、今の「中国」の存在です。更に中国の下請けは、同じように中国を脱出し、日本に直販し、そして日本のメーカーを追い越していくのでしょう。そして中国の次には、ベトナム、タイ、マレーシア、更に中国より人口の多い、若年労働者を抱えたインドが、十年後には世界を席巻するのではないでしょうか。

住宅も既に新潟でも、主要部分は日本人大工が作り、他の大部分をベトナム人の技術者が作り始めています。先に進んで世を切り開かなくては、資源のない日本は、世界でどんどん衰退していくことでしょう。

私は、戦後日本が発展した要因は、日本人の器用さと貧しい中での勤労意欲、そして何より教育の素晴らしさだったと思うのです。

以前、小中学校で、ゆとり教育を目指したことがありました。漢字は読めれば良い、円周率は3と覚えていれば良い等々、教育に手を抜いて、週40時間で休日を増やしました。セクハラ、パワハラ等々についても問題化して取りあげられました。もちろんその大切さはわかりますが、国民全体が勉強をせず、働かず、そして「発展途上国」を使って安いものを作って、たくさん売ることを優先した、モラルに反したビジネスをして、日本のポテンシャルは落ちたのです。もう外国を追い抜くことは、無理なのかもしれません。

ある時、東大の教授が言っていました。**日本の学生は勉強しない**と。その点、中国の留学生は本当に良く勉強する。**毎日授業の後、質問に来る学生は中国人**である。そしてその質問が的確であるというのです。日本人と比べて大変優秀であるので、ある時、君は何故日本の東大に学びに来たのかと聞いて、その答えを聞いて驚いたといいます。

「私は、ハーバードやケンブリッジに行く能力はない。かといって北京大学に入る程の力もない。日本の東大なら入れるので留学して来た」

と言ったそうです。

2023年のTHE世界大学ランキングは、1位オックスフォード大学からハーバード大学、ケンブリッジ大学と続いて、東大は39位です。清華大学(16位)、北京大学(17位)、シンガポール大学(19位)、香港大学(31位)に負けているのです。これでは技術大国日本の先はないと思いました。

日本は今こそ、日本にしか出来ないものを真剣に考えないと、三十年後には、技術後進国になってしまうでしょう。

住宅建物内のＡＩ化も進んでおり、ＩｏＴ（物のＡＩを結ぶ）そしてスマホで家の外部から、家の家電や設備、安全チェック、風呂を沸かす、ＴＶ、録音等も、もう当たり前にできる時代になりました。時代はどんどん進んで、日本だけが追い越されていくような気がしています。

13

住宅産業のオートメーション化

さて、前にも述べましたが、住宅作りを機械によるオートメーション化でどこまで出来るでしょうか。

フランスのナント大学で私が見たのは、パソコン操作でロボットが住宅を作る自動化でした。これは、ロボットがパソコンの指示で水平面を動き、そしてロボットのアームから、固めの科学樹脂の泡が二重に出て、その間に速乾性のコンクリートを入れながら、10㎝位ずつ壁を作っていく方法でした。他に各国では様々な方法があり、コンテナ上の部屋を作り、それを組み立てたもの、更にアメリカでは広い土地に複数棟（10～20棟）の住宅を、レールを使い機械を移動させながら、水平に作っていく方法、丁度パソコンの3Dモデルを作るような大型の設備も登場しています。

しかし、日本の場合、狭い道路、狭い土地に、現場がそれぞれ一戸ずつ離れているので、形の違う住宅を一戸ずつ作ろうとすると、やはりアメリカの2×6（プラットフォーム）工法か、日本の在来の部材の少ない材料をコンパクトに運び、人が作る方法が当分続くと思います。

又、先ほども言いましたように、森林産業とCO_2削減、そして、木は生物、有機物で、その中にいる時に感じる生命体同士の安らぎ、又、木材は湿度調整もし、断熱性も高く、人に健康、安全な素材です。

鉄、コンクリート、化学素材は、やはり住宅には不向きだと思います。住宅産業は、現場が離れていて、更に一戸ずつ別の土地に合わせて作るところが、大量生産、大量販売に不向きで、逆に、**新技術開発と資材調達能力の二つを解決すれば、中小工務店のコストダウンが出来る上に、品質の高いものが作れ、**更にサービスも、商業エリアを狭域にすることで、より密度の高い経営が出来る事業です。私は、中小企業こそ最後に、大手に勝てる数少ない事業の一つであると思っています。

住宅は木を使い、森林産業を守り、そこに新しいAIを取り込み、更に、今一番住宅産業が遅れている、―作りっぱなし―短命住宅―を改善しながら、当分は今の形の住宅作りが進むと思っています。

14 日本の住宅の大きな問題点

さて、日本の住宅産業の問題点は、サービスの欠如という大きな問題があります。多分、アメリカの例を考えると、アメリカでは、年間3〜7棟位を手がける中小工務店が殆どで、100棟の住宅を年間作る会社は、「ビックビルダー」と呼ばれています。

ただ同じような建物を、同じ場所に300〜400棟建てる会社もありますが、これはデベロッパーと呼ばれ、不動産会社に近く、中身は中小工務店が作っているのです。端的に言えば、アメリカの住宅産業は、資材、工賃が開示されていて、誰が作っても同じになるとすると、現場に一戸、一戸作ることは特殊な事業となり、大手ビルダーは存在しえなかったのでしょう。そのため、米国のプレハブ会社は潰れていったのです。大手住宅メーカーが存在する、これは日本特有の現象です。

資材は誰が買っても同じで、大工を始め各工種毎の賃金もオープン化され、更にそこに35％管理費を設定し、その範囲で収入を上げようとすると、とても組織管理に金がかかり、しかも給料の高い大企業では、同じ価格で作ることは無理なのです。ただ、日本の住宅においては、資材と価格は消費者にはわからず、構造もわかりません。又、工賃もその職人によって異なり、更にいくらで売ろうと、利益を上げようと消費者にはわからない日本の住宅産業の形があります。そして家造り、更に家の購入は、一生に一度位で購買経験がなく、何が良いのか、高いのかわからない消費者の中で成り立つ、日本独特の「ここが変だよ、日本の住宅」というジョークにも通じる問題点があるのです。

「売れれば何でも良い」、「売ってしまえばあとは知らない」それが日本の住宅なのです。

私は、今から三十年前に、当時、日本でトップの住宅会社の社長が書いた「自伝」を読んだことがありました。

その社長は、「最高品質の家とアフターサービス」を目指していると、その本の中に書いてありました。そして、こう展開するのです。「ある日私は驚愕した。私の会社の家から雨が漏ったというあり得ない話が起きた」と。私はそこまで読んだ時、この会社の社長は、よほど現場を知らないか、又は、よほどの嘘つきであると思いました。多分、この会社は将来潰れるだろうと思いました。

私は、その会社の建物を良く知っておりました。何よりその会社にいた技術者が、当社にいたからです。彼は私に言っておりました。

「○○の住宅は、デザインは良いのですが、二軒に一軒以上雨が漏るので、そのクレームで会社をあげて大変でした」と。

その結果、その会社は、とんでもないクレーム対策を考えつきました。

「クレームがあっても絶対に行くな。行かなければ最後にお客は諦める。クレームを言わなくなる。会社は一流会社で、お客はいくらでもいる。仕事には困らない。」と言うのです。そのことを社長が知らないわけはなく、当然知っているはずなのに、それを厚顔で、私の会社の家は雨漏れしないという虚言に驚いたのです。

結局、その会社は行き詰まり倒産する寸前に、大資本を持つ会社の傘下となり今に至っています。もちろん社長は会社を去りました。全部が全部とは言いませんが、似たようなところが多いのです。

TVで大宣伝して暖かい家を標榜する会社があります。私達のグループ会社に不動産会社もあり、時々建って間もない住宅の販売を依頼されることがあります。私は売り主に頼んで、修理する条件で、その建物を調査したいと言って許可をもらい、その建物を調査したことがあります。

結果、暖房を入れるのですが、なかなか温度が上がらないのです。そして断熱材を調べると、一流会社にしては粗末なものでした。何より建物が隙間だらけなのです。

C値という隙間面積が我々の10倍位大きく、隙間だらけの家は断熱をしてもその為に家が暖かくなりません。そして、その建物の価格は、当社の建物の価格の2倍以上でした。

外見は立派でしたが、これが住宅着工棟数トップの建てる住宅なのかと呆れました。中古住宅ですが、本人の希望額では売れませんでした。例えばその土地に、同じような新築の当社の建物を作るのと比較しても、四年経った家の方が1，000万円も高いのです。結局、価格は思い切って下げて処分するべきであると提案しました。「どおりで寒い家だった。騙された。」とお客様はそう言いました。この他に、逆に価格は安いのですが、全く現代の基準に達していない「建売住宅」もたくさん見ました。

15 正しいものを作る

私は現場を見るのが好きです。一か月に二度現場を社員と回り、着工時、基礎工事時、上棟時、仕上げ時、完成時も比べて見ます。

ある会社のものは基礎が脆弱でした。私共は土間コンクリートと基礎を一体化した地震に強い建物を作っていますが、その会社は、ただ基礎の立ち上がりだけです。これだと新潟地震クラスでは完全に全壊するようなものでした。更に、壁を貼るのに未だに釘止めで貼っているのです。建物は風力を受け、その上、違う素材を貼り合わせるので、資材の膨張率が違う為伸び縮みします。釘止めでは、五年位で穴が広がり、外壁は修復出来ぬ程傷みます。これは建築界の常識で、今は殆ど金具を付けて、外壁が傷まぬようにしているのです。とにかく手を抜いて安く作る。コンクリートの基礎は、寸法の土台から外れていました。素人にはわからないから、とにかく安く作って売る、この会社の方針であるとそこで働く職人は言っていました。

「百鬼夜行」のような住宅産業は、やがてアメリカの後を追うように、誰もが同じ価格で買えば、工賃も全て明示され、利益も全て明示されるようになり、少人数経営の状態になるでしょう。

16

人間関係の公式

～中小企業こそ住宅建設会社は適している～

私はかなり昔になりますが、子供が小学生の頃PTAの会長をしていたことがありました。その時、有名な教育関係の講師が来られて、子供の教育に対して講演したことがありました。子供にはコミュニケーションが非常に大切であると言うのです。おじいさん、おばあさんが同居している子供は、学校でもすぐわかるというのです。情緒があり、思いやりがあり、知識が多く、一般常識を持っており、親だけと生活している子供と違うといいます。これは何故なのかと図を書いて説明をしました。

人間関係を図で書くと、夫婦と子供一人では三つの人間関係があります。そこから子供は様々学びます。祖父と祖母と子供が2人いる関係は、図のように多くなります。

15の人間関係があり、この人間関係の分だけ子供は多くのことを学び、又、多くの人を思いやるというのです。

「人間関係の公式」

1.　家族

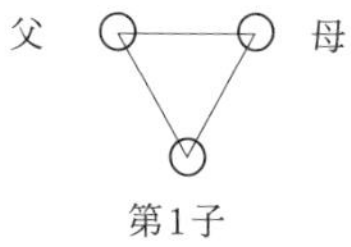

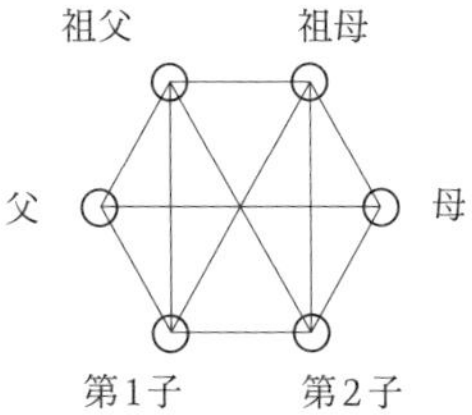

3通りの人間関係
　人間関係が希薄

15通りの人間関係
　人間関係が多いと情緒が深くなる

2.　会社

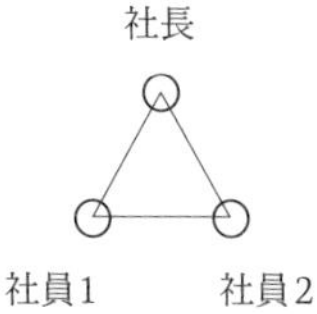

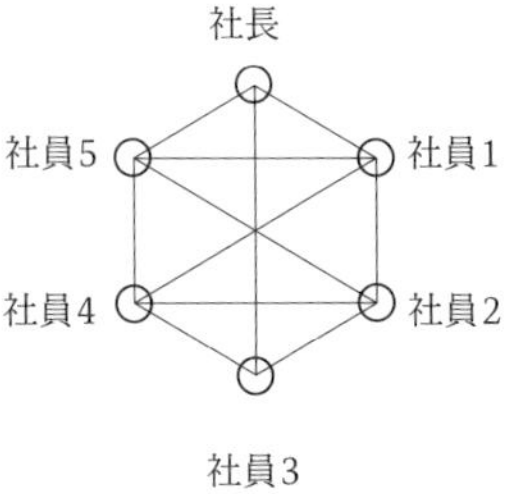

管理は人間関係の数が必要

3人は、3通り管理

6人は、15通り管理

人間関係の公式

私はこの時、この**人間関係の数は、対角線の数の公式**であることに気付きました。そこで講師の方に伝えると、講師の方もそこまで考えていなかったが、参考になったといいます。

この公式は $\mathbf{N}=\frac{\mathbf{n(n-1)}}{\mathbf{2}}$ の対角線の公式です。私は帰宅してその公式のことを考えました。

私はその頃、社員が7人から14人に増えたのですが、売上げが上がらなくなり、そこから起きる人間関係に苦労しておりました。

なるほど、そうか、この公式に当てはめると、3人ならば $\frac{3(3-1)}{2}=3$

それが6人になると $\frac{6(6-1)}{2}=15$ つまり $\frac{15}{3}=5.0$ 人が3人から2倍になり、6人になると、人の管理は5倍になり、その管理、教育が薄くなり、それぞれ問題が起こりやすくなるのだと思いました。そして14人位になると、それにより5人に1人位の上司を置き管理した為、管理費が増えていく割合に、現場の人が2倍にならず、売上げは1・5倍にしかならないのかと思いました。少し単純な思い付きですが、これは多分当たっていると思いました。

そして大きくなれば大きくなるほど、組織に対して管理が多く複雑になり、その割合に誰が何をしているのかが全て見えなくなり、結局は部下の管理者を通して現場の話を聞くしかないわけです。管理者の主観と好き嫌いもあり、情報は混乱していくのです。

しかし、会社というのは、経営者の意思とは関係なくどんどん大きくなります。忙しくなると社員は、現場に社員の増員を求めます。人を増やすと売り上げも上げなくてはいけません。益々経営効率は悪化していきます。

大きくなって大量生産、大量販売が出来れば良いのですが、それが通用しにくい住宅産業は、コストUPにつながるのです。利益を上げる為、ブランドイメージ作戦、PR等に金がかかり、結局は、安い建物は出来ません。

アメリカの工務店が、三人位で経営しているのは、このような理由で、彼らは五十年も先を行く企業経営をしていたのだと思いました。

17 これからの未来に向ける住宅を考える

私は50年以上住宅建築に携わり、様々な技術的経験を重ねて様々な工夫をして、現在私なりに世界にない住宅、そしてお客様の健康と暮らしを守る本当の家づくりを実現したと思います。

そして、住宅のハード品質の部分から、住宅ができてから、その建物がなくなるまで安心してお使いいただける長命住宅、更に住んでいる住宅の維持・管理・サービスについて現在取り組んでいるところです。

私共イシカワは、お客様が完成した住宅にお住まいになってから、**住宅づくりのプロとして本領を発揮できる存在であり、社会の皆様に信頼いただける会社であり続けること**をモットーとして掲げたいと考えています。そしてこれこそが、これからの住宅建築会社の経営にとって大変重要であると思います。

私は、ここで少し方向を変えて「仕事とは何か」何のために働くのか、そして、ざっくばらんに生きがいを感じ、更に豊かな人生を送る事業経営について考えていきたいと思います。

住宅建設事業は、現在年間着工棟数80万戸位で推移していますが、今から10年後には40万戸に着工棟数が落ち込むことが見込まれています。

これは少子化と国民人口減、そして高齢者の割合の増加、不景気、そして何よりこれから中古住宅に住む傾向が進んでくるからです。

極端に言えば半分の住宅会社がなくなり、そこに働く人も半減、更に職員の仕事もなくなることでしょう。

又、人口が減らずとも労働が厳しく、雨・風・雪・暑さ・寒さの現場で働く人たちは増えないと思います。

今の若い人達は、デスクワークやパソコンを操作するような仕事を一般に求めているのも事実です。

「額に汗して働く」仕事は敬遠されていくことでしょう。この傾向は住宅産業でだけでなく、日本の全産業に見られ、仕事はあるが業種によって人が集まらない、人が集まっても利益が上がらない、そういった経営が続くでしょう。

そこで、働く人の立場から経営の立場から、そして何よりお客様の立場からこの少子化、人口減、不景気時代に、住宅建設業のあり方を考えてみたいと思います。

私は一級建築士で技術者であると同時に、中小企業の経営者であるという、二つの顔を持っています。「経営」は大切なテーマです。

いくら技術があっても、採算が合わない利益が合わなければ、事業は成り立たないからです。

俗に「倒産御三家」という言葉がありますが、それに当てはまる職種は「衣・食・住」です。資本はあまりかからず、会社を作るのが簡単で景気に左右されやすく、何より会社の数が多いからです。

住宅建設業の中には、建設業登録をせず多大な紹介料で成り立っている会社もあります。事業体が一見単純で、建築会社に2、3年いれば口先だけのビジネスパフォーマンスだけでできる仕事と思われています。

おそらくこの手の会社は、ただ単に金を稼ぐだけの会社で、住宅を通して社会を豊かにしたい等とは考えていないのです。

いろいろな形でいろいろな会社が参入し、非常にモラルが低い会社が多いのも住宅産業です。

私は50年以上の経験から「**お客様よし、働く人よし、会社よし、社会よし**」この4つの点を備えている経営が良いと思います。

更に、将来性があり事業継承しやすい、そして何より後継者（子供も含めて）が「これはやる価値のある事業でやってみたい」と思うことが大切であると考えるのです。

私は何人かの友人がいて、四季折々に会食しながら友情を深める会があるのですが、そこに私が理想とする会社が3つあります。

一つ目は老舗の酒屋さんです。二つ目は7人位の社員の電気工事店です。後は、10人位で経営している税理士事務所です。

この3つの会社の共通点は、利益が上がっている事は当たり前ですが、すべて若い息子が父親の事業を継承しているのです。

私は友人達に言います。「**皆さんは人生の成功者です**」。あなた達の育てた息子さんが、あなたの仕事を継ぐと言う事は、父親の人生を肯定している。つまり父親を尊敬している。そして何より、自分でやってみたいと思ってその仕事に将来性を持って事業継承しているのです。

その仕事に関しては、父親はプロでそれを自分と性格が似ている子供に教えられる（子供は親の遺伝子を50％持っているから当たり前のことでしょう）、そこで、仕事の技術継承も簡単なのです。

私はこれほど実業者にとって幸せな事はないと思います。

彼らは私に「イシカワ」さんの会社より大きくない等と言いますが、それでいいのです。「**大きいから事業は良い**」**という時代は、とっくに終わった**と思っています。

彼らは善良で人望もあり、何よりいつも笑顔の絶えない人たちでもあります。安らぎが顔に表れているのです。私は、時々彼らが羨ましくなります。事業は本来そうあるべきだと思うのです。

最近チャットGPTという文字型の対話式の生成系AIが話題になっていますが、今まで形のなかった一つひとつの言葉を有意義な形で組み立て、瞬時に有能なコンサルタントのような会話を文章で成り立たせます。

ただ、AIがいくら進化しても人間にしかできない「思考結実システム」があると思うのです。

時代はどんどん進み、誰もが瞬時に専門家並の知識と実行方法、そして過去の成功例などが見られ、更に、自分の自己分析までやってくれます。知識と行動、計画、市場原理、現代のニーズも正確にはじき出すことでしょう。

さて私は、**住宅産業は中小企業にしかできない、数少ない要素を持つ事業**ではないかと言いました。

そして、大手は長期（50年位）の時間の中で必ず滅び、しかも事業継承しにくい産業であると思うのです。それをかなり以前から実感していましたが、この人口減、少子化、不景気の中でよりそれを感じるのです。

そして、大量生産・大量販売が効かない、人々のコミュニケーションとサービスが必要な住宅産業は、まさに中小企業の中小企業による中小企業のための事業だと感じるのです。

住宅はまず、土地に合わせて一軒ずつ全て違うのです。そして現場同士が離れて一軒一軒が独立した、いわば小さい工場で作られるようなものなのです。

更に、広域な営業活動をすると、営業にせよ工事管理にせよ距離が長くなり、その往来に時間がかかり効率が落ち、生産性が落ちるのです。

もう一つ、住宅産業は人間のコミュニケーションが非常に必要で、いわば泥臭い昔の商店御用聞きのような要素が必要だからです。

それ故に、現代のスマホ片手でゲームする若者に不得意な分野なのです。ある意味で体を動かす仕事なのです。大量生産、広域販売、広域管理をオートメーション化できない事業です。

前の章で示した**人間関係の公式 $N=\frac{n(n-1)}{2}$（対角線の公式）**は、人が多くなればなるほど複雑になり、7人の会社では21通となり、人間関係の公式のnが70人なると、Nが2，415通になっていきます。

効率については、10倍の人間がいてせいぜい5倍の仕事量と利益しか出ません。しかも、大きな会社になると人間の心のふれあいなどは、望むべくもないのです。

いきおい「安っぽいコンサルタント」は「本人をやる気にさせる・参加意識を持たせる」など、自分たちの職場でさえできぬ管理方法の提案をしますが、今の若い人たちはそう簡単にそれにはついてこないはずです。

人数が多くなり管理が複雑になることを、大量生産・大量販売で解決できる企業は良いのですが、住宅産業はそれができないのです。大きくなればなるほど一人当たりの労働生産性は下がるのです。

一方で私は、住宅産業は一生続けていくにふさわしい仕事だと思います。

人は「家」の中で人生の時間を一番費やすのです。

家は、人生の舞台です。そして、人の幸せ・生きがい・愛など、家族が人生のドラマを展開し、そして老いて次代に渡していきます。これほど素晴らしい事業は無いと思います。

そして何より、これは中小企業が大企業に勝てる、数少ない事業です。研究すれば「**売り手、買い手、世間よし**」**の三方よしが実現される仕事**なのです。

私は最近、志のある同業者と共に建設資材仕入研究と技術開発体制の2つを共に運営する組織を作ろうと思っています。

この2つは中小企業の最も弱い部分で、これを大手以上に新しい発想で研究すれば、小さい会社ほど有利な会社が作れる、それが社会の役に立つと思っています。

その中で、「**ブローボックス**」システムで温度・湿度を均一にして、空気の中のウイルスとVOC（揮発性有機化合物）を消す家こそが、世界で最高の住宅である事を皆で認識し、「**ブローボックス**」の思想を日本中に伝え、更に新しい研究を加えて共に繁栄していこうと考えています。

私は今の私の会社の仕事が好きです。

そして、このような仕事に身を任せて頂いていることに感謝しております。

住宅は人生の舞台で、ここで人は一生のドラマを演じるのです。

住宅産業は無くてはならない大切な仕事です。

この産業に関わる全ての人に感謝を申し上げます。

「住宅万歳！」

謝辞

ここまで、拙い私の本をお読み頂きましたことに、心より感謝を申し上げます。

住宅会社の社長をして50年以上経つ中で、今の日本の住宅は、これでいいのかと考えて参りました。デザイン、高い素材、設備、優れた耐震性、断熱性、様々な点から現在、各住宅メーカーは競い合って新しい商品を提案しております。

しかし、住む人が健康で、快適で、一生を過ごせる住宅、しかも一般のサラリーマンが充分買える商品価格の家は正直なかったと思います。

大手メーカー、高額な家、新進のデザイナーの家、そのどれもが私にいわせると、エアコンの付いていない豪華自動車、いや、エアコンの効かない問題外の車のような住宅ばかりです。

今まで、全館冷暖房、トイレ、洗面所、部屋の隅まで、温度均一、湿度均一の住宅などはなかったのです。ごくまれにあったとしても、一般市民の手の届かぬ価格の住宅、更に電気代が何倍も高い住宅なのです。それでは私の言う「商品」ではありません。私の言う「商品」は、真面目に働いている市民が余裕をもって買えるものです。

「空気・家・人」の理論から生まれた「ブローボックス」は、平均所得者の誰もが買える夢の住宅です。

住宅の品質、デザインの高さは当然ですが、それ以上に建物は人が一生、生活する上で必要な適温適湿、清浄な空気を入れる箱なのです。人の一生は100年とすれば、その半分の50年以上は家の中にいるのです。そして人が健康に生きる為には、適温適湿、清浄な空気が必要です。

人は一日20kgの空気を体に出し入れしているのです。空気こそが人を生かしているのです。そして、その空気は今、コロナウイルス、バクテリア、PM2・5、揮発性有機化合物などに汚染されて、これが人類の健康を著しく損なっているのです。

清浄とは、そのような物質のないことです。これが出来るのは、現在私共の提案した「ブローボックス」しかないのです。これを世界中の家に取り付けたい。

それが私の夢です。

また、これから住宅を作る人だけでなく、今住んでいる住宅にも簡易に、しかも低価格で取り付けられ、現在の全ての住宅に対応出来るシステムが「ブローボックス」なのです。

大それた夢と思われるかもしれませんが、私共の発明を通して、更なる住宅の進化が起こる事を期待しております。

私は、「住宅産業」という仕事を選んで本当に良かったと思っております。

ここに、今日まで私を支えてくれた顧客の皆様、会社の社員達、世の中の人々、この時代に、心から感謝をするものであります。

そして、何よりこの本を通じて、皆様と知り合えたことに、心からなる感謝を申し上げ謝辞と致します。

「空気・家・人」

令和6年3月2日　第1版第1刷発行

著　　者　石川 幸夫

発　　行　タイガー出版
〒950-1233 新潟市南区保坂岡下 353-1
TEL.025-372-3115　FAX.025-373-3114

発　　売　星雲社（共同出版社・流通責任出版社）
〒112-0005 東京都文京区水道 1-3-30
TEL.03-3868-3275（受注専用）
FAX.03-3868-6588（受注専用）

印刷・製本　富士印刷株式会社

©Sachio Ishikawa

Printed in Japan

定価はカバー・帯に表示してあります
乱丁・落丁本はお取り替えいたします

ISBN 978-4-434-33710-9

Carbon Offset for 709g-CO2/copy
Waterless Printing. Naturally.

この冊子の1冊あたりのCO_2排出量は709gです。国が運用する「Jクレジット制度」を活用し、カーボンオフセットしています。